Thomas Klappstein (Hrsg.)

Weihnachtswundernacht

Thomas Klappstein (Hrsg.)

Weihnachtswundernacht

24 Erzählungen
für die schönste Zeit des Jahres

Mit Illustrationen von
Bettina Wolf

Brendow
Verlag + Medien

Bibliografische Information Der Deutschen Nationalbibliothek
Die Deutsche Nationalbibliothek verzeichnet diese Publikation in der Deutschen Nationalbibliografie; detaillierte bibliografische Daten sind im Internet über http://dnb.d-nb.de abrufbar.

ISBN 978-3-86506-405-9

Einbandgestaltung: Brendow Verlag, Moers
Titelfoto: fotolia
Illustrationen von Bettina Wolf
Satz: Satzstudio Winkens, Wegberg
Druck und Bindung: CPI – Clausen & Bosse, Leck
Printed in Germany

www.brendow-verlag.de

Inhalt

Vorwort

Die Advents- und Weihnachtszeit ist für die meisten Menschen eine besondere Zeit. Gefühlt gehört sie zu den schönsten des Jahres. Auch ich mag sie sehr gerne und versuche jedes Jahr neu, sie zu genießen. Sie auch zu Hause, für meine Familie, zu etwas Besonderem werden zu lassen.

Oft habe ich den Eindruck, dass die Menschen sich in dieser Zeit wirklich bemühen, hilfsbereiter und freundlicher miteinander umzugehen. Es etwas harmonischer angehen zu lassen. Viele Menschen, die im Streit miteinander leben, versuchen, einander in Frieden zu begegnen. Länder, die sich miteinander im Kriegszustand befinden, vereinbaren über die Weihnachtstage einen Waffenstillstand. Die Spendenkonten humanitärer Hilfsorganisatoren füllen sich merklich. Solidarität mit finanziell und materiell schlechter gestellten Menschen ist auf einmal kein Fremdwort mehr. Selbst in wirtschaftlich schlechteren Zeiten. Es ist, als ob die Menschen in dieser Zeit unter einem anderen Einfluss stehen als sonst. Und alles hängt zusammen mit dieser einen »Wundernacht«. Mit dieser »Weihnachtswundernacht«, in der Gott in seinem Sohn als Mensch geboren wurde, dessen Geburtstag wir am Weihnachtsfest in jedem Jahr neu feiern: JESUS CHRISTUS.

Wenn Sie dieses Buch in der Hand halten und diese Zeilen lesen, habe ich die Hoffnung, dass Sie mit mir dieselbe Sehnsucht teilen: einen besonderen, einen speziellen Advent zu erleben. Und eine Weihnachtszeit, die voller Wunder steckt, die es zu entdecken gilt. Dabei mögen unsere Zugänge und unser Tempo bei der Herangehensweise verschieden sein. Genauso verschieden wie die Autorinnen und Autoren dieses Buches, ihre Lebenshintergründe und vor allem ihre Texte, in die viel Kreativität, Zeit und auch so mancher Herzbluttropfen geflossen sind. Manchmal berührt Sie als Leserin, als Leser ein Textbeitrag vielleicht nicht so sehr. Dafür geht einem anderen Menschen aber gerade bei diesem Textbeitrag ein Licht auf, auf das er schon lange gewartet hat. Und umgekehrt. Ich möchte mich an dieser Stelle bei allen bedanken, die mitgemacht haben.

Ich wünsche Ihnen anregende Momente während unseres gemeinsamen literarischen Weges durch die Advents- und Weihnachtszeit, den dieses Buch begleitet. Und natürlich eine gesegnete Adventszeit und fröhliche Weihnachten.

THOMAS KLAPPSTEIN

1 Mögliche Unmöglichkeiten

Gabriel, Gabriel – der Name geht mir nicht mehr aus dem Sinn. Nervig! Ob Maria was mit ihm hat? Schon ein bisschen schräg, die Geschichte, die sie mir da aufgetischt hat. Wir wollten doch bald heiraten. Verlobt haben wir uns ja schon vor längerer Zeit, gleich, nachdem uns beiden klar wurde, dass wir zusammen sein, unser Leben gemeinsam verbringen wollen. Maria und Josef – wir waren so ein schönes Paar, wir beiden. Und jetzt das: Schwanger sei sie, sagt sie. Ohne dass sie mit einem anderen Mann zusammen war bzw. intim war. Und das soll ich glauben? Wir haben doch auch nicht miteinander geschlafen. Wie kann sie dann schwanger sein? Wie soll das gehen?

Ob doch dieser Gabriel? Hm, der hat es ihr ja angeblich nur mitgeteilt. Er wäre noch nicht mal ein Mann, sondern ein Engel, meinte sie. Ein Bote Gottes. Obwohl er ausgesehen habe wie ein Mann. So gekleidet, wie das hier in der Gegend halt üblich ist. Woran sie denn gemerkt habe, dass er ein Engel sei, habe ich sie gefragt. An der Art, wie er mich begrüßt hat, gab sie zur Antwort. Erschrocken habe sie sich schon, als er den Raum betreten habe, in dem sie sich befand, aber hauptsächlich über seinen Gruß. Das Besondere an seinem Auftritt sei nicht sein Aussehen gewesen, sondern sein Gruß: »Sei gegrüßt, du Begnadete! Der Herr ist mit dir!«

Nicht gerade die übliche Begrüßungsfloskel gegenüber einer Frau hier bei uns in Nazareth. Dass sie sich erschrocken hat, kann ich gut nachvollziehen – wäre mir selbst ebenso ergangen. Denn mit diesen Worten: »Der Herr ist mit dir!« wird doch das Kommen des Messias eingeleitet. So hat es der Prophet Jesaja geschrieben: »Siehe, eine Jungfrau ist schwanger und wird einen Sohn gebären, den wird sie nennen Immanuel.« Und »Immanuel« bedeutet genau das: »Der Herr ist mit uns.« Das würde ja heißen, dass ausgerechnet Maria den Messias gebären würde.

Es ist noch gar nicht lange her, da wurde diese Passage in der Synagoge aus der Schriftrolle des Jesaja gelesen. Obwohl das nichts Besonderes ist, das wird schon seit Generationen immer wieder zitiert. Aber passiert ist bis jetzt noch nichts. Gott hat sich schon lange nicht mehr bei seinem Volk gemeldet, geschweige denn, seine Zusage eingelöst. Und nun auf einmal? Okay, Maria ist – wenn es stimmt, was sie sagt – Jungfrau, aber trotzdem … Ich weiß nicht, für mich ist das echt schwer einzusortieren.

Auch wenn ich eigentlich davon überzeugt bin, dass es diese Boten Gottes, diese Engel geben soll. In den alten Schriftrollen wird ja immer wieder mal von ihnen berichtet. Aber die Ereignisse die dort geschildert werden, sind auch lange her.

Und nun soll ausgerechnet Maria die Auserwählte sein, von der schon Jesaja gesprochen hat? Ausgerechnet sie hat eine Begegnung mit so einem Gottesboten, mitten im Alltag und mit lebensentscheidenden Folgen? Kann es so etwas geben? Und warum ausgerechnet bei mir, bei uns beiden? Hätte Gott es nicht auch eine Nummer kleiner, begreifbarer gehabt? Oder sich irgend jemanden anderen aus der Familie aussuchen können? Meinen Cousin z. B., der seit einer Woche verheiratet ist?

Natürlich wollte ich dann wissen, wie das jetzt mit dieser Schwangerschaft geschehen solle, ob sie dafür irgendeine plausible Erklärung habe. Danach habe sie den Engel auch gefragt, sagte sie mir, und als Antwort hätte sie bekommen, dass der Heilige Geist das in ihr bewirken würde. Und dass bei Gott nichts unmöglich sei. Daraufhin habe sie dem Engel geantwortet: Ich will für Gott alles geben, ich gehöre ihm, alles, was du gesagt hast, soll auch so passieren. Oder so ähnlich.

Große Worte! Mir fällt das nicht so leicht. Diese komische Schwangerschaft und ihr Zustandekommen kann ich nur schwer einsortieren. Schwanger durch die Überschattung, eine leise Berührung des Heiligen Geistes? Nicht, dass ich Gott das nicht zutrauen würde. Sein Geist hat ja schon öfters Unmögliches möglich gemacht. So wie der Rabbi in der Synagoge es manchmal sagt, wenn er aus dem Anfang der Genesis-Schriftrolle vorliest: Gott hat durch seinen Geist und sein Wort alles Leben hier auf dieser Erde geschaffen und auf seinen Weg gebracht. Und sie lesen sich ja auch immer ganz nett, solche Geschichten. Aber wenn man auf einmal selbst Teil davon ist …

Das wirft meine ganze Lebensplanung durcheinander. Und Marias ja auch. Jetzt will sie von mir wissen, wann wir heiraten wollen. Denn ihr Kind solle ja schon in eine Familie hineingeboren werden. Geantwortet habe ich ihr noch nicht! Da kann und will ich momentan eigentlich gar nichts zu sagen. Bei dem Durcheinander, das in mir herrscht. Am liebsten würde ich eigentlich sofort Schluss machen. Engel hin oder her!

Was mich bis jetzt davon abhält, ist etwas, was der angebliche Gottesbote noch über das Kind gesagt hat: »Jesus soll er heißen. Er wird mächtig sein, und man wird ihn Gottes Sohn nennen. Die Königsherrschaft Davids wird er weiterführen und die Nachkommen Jakobs für immer regieren. Seine Herrschaft wird kein Ende haben.« Das hat mich zutiefst berührt. Denn dieser Messias, der verheißene Erlöser, der in Ewigkeit Recht und Gerechtigkeit bringt, dieser Messias soll laut Jesaja tatsächlich aus der Familie von David stammen, unserem früheren großen und von Gott gesegneten König, soll aus seinem Geschlecht, aus seinem Stammbaum, hervorgehen. Und hier wird es auf einmal sehr persönlich für mich. Ich gehöre doch dazu. Auch wenn ich Handwerker und Zimmermann bin und kein Prinz oder Königssohn, ist David einer meiner Vorfahren. Und wenn ich, Josef, aus dem Geschlecht David, Maria jetzt heirate, gehört sie zur Familie. Und das Kind, das sie in sich trägt und gebären wird, auch. Dann würde ich gerade nicht nur live erleben, wie Geschichte geschrieben wird, wie etwas passiert, was Einfluss auf viele, viele – wenn nicht gar alle – weiteren Generationen in der Weltgeschichte haben wird, sondern wäre sogar ein Teil davon. Ist Gott tatsächlich wieder richtig aktiv? Kann und soll ich ihn beim Wort nehmen? Diese komische Schwangerschaft und das Zustandekommen kann ich immer noch schwer einsortieren.

Was wird eigentlich sein, frage ich mich, wenn ich Maria nicht heirate? Dann würde ja ihr Kind formal nicht zum Geschlecht Davids gehören, also zu unserer Familie.

Ich kann nachts momentan kein Auge zumachen. Ständig kreisen meine Gedanken. Soll ich bei ihr bleiben, oder soll ich sie verlassen? Mache ich mich zum Gespött, wenn ich ihr diese Geschichte glaube? Andererseits wird Gott offensichtlich wieder aktiv. Er will scheinbar durch seinen Sohn in dieser Welt ankommen. Auf diese Ankunft haben wir so lange gewartet. Kann ich mich da verweigern? Maria scheint da schon weiter zu sein als ich.

Wäre vielleicht nicht schlecht, wenn Gott mir auch mal so einen Engel vorbeischickt, der mich aufklärt und anspricht. Und sei es nur im Traum.

Die Ankündigung von Jesu Geburt aus Josephs Sicht, frei nach Lukas 1, 26–38.

THOMAS KLAPPSTEIN

2 *Eine Stunde Weihnachten*

Der Eingang des unscheinbaren Hauses hinter dem Bahnhof leuchtet fast so bunt wie der Weihnachtsbaum, den sein jüngster Sohn gestern für den heutigen Weihnachtstag mit kindlich-kreativer Energie in den grellsten Regenbogenfarben geschmückt hat. Er atmet noch einmal tief durch, bevor er das Bordell im Bahnhofsviertel seiner Heimatstadt betritt. Es ist ihm bewusst, dass er mit diesem so klein anmutenden Schritt etwas Neues wagt. Ihn fröstelt, und das liegt nicht nur an den winterlichen Temperaturen.

So schreiend bunt der Eingang ist, so gedämpft rot ist das Licht hinter der Fassade. Von irgendwoher dudelt ein Radio leise quäkend Weihnachtslieder. Der Duft von irgendeiner Kaufhauskräutermischung zur Saison hängt in der aufgeheizten Luft. Er muss unwillkürlich an kalten Weihrauch am Morgen nach einer Mitternachtsmesse denken. Der Bordellbetreiber hinter dem Tresen schaut kaum auf und winkt den neuen Besucher weiter in Richtung des Kontakthofs. Auf den sechs Stockwerken mit je elf Zimmern bieten 66 Frauen aus aller Herren Länder ihre Dienste an.

Der Besucher öffnet seinen Wintermantel und nestelt nervös an seinem Kollar herum, das ihn sofort als Geistlichen erkennbar macht. Er ist überrascht, denn trotz des Weihnachtsfestes herrscht hier große Betriebsamkeit, sodass der Pastor den vielen Freiern kaum auffällt. Im Kontakthof riecht es nach schweren Parfüms und abgestandenen Alkoholausdünstungen. Er erinnert sich an einen alten Zeitungsartikel über Bordelle mit dem Titel »Eine Weide, die nach Schlachthof riecht« und findet das nicht unpassend. Beherzt macht er einen Schritt in die Mitte des Raums.

Sofort kommen einige der Frauen, die an der Wand gelehnt haben, auf ihn zu und fragen, worauf er Lust habe.

»Ich habe Lust«, sagt er mit fester Stimme, »alle Frauen, die heute hier arbeiten, eine ganze Stunde lang zu mieten.« Fatima-Heike, Tochter von muslimisch-christlichen Eltern, die hier irgendwie hängengeblieben ist, kontert schnippisch: »Das könnte teuer werden! Und was willst du überhaupt mit so vielen Frauen? Glaubst du etwa, du bist omnipotent?« Das Wort hat sie vor ein paar Tagen im Radio aus einem klassischen Weihnachtslied aufgeschnappt und sich gemerkt, weil es so witzig klingt.

»Nein, das wohl kaum. Und was das Geld anbelangt: Ich habe mein Erspartes genommen und möchte euch allen eine Stunde Weihnachten schenken. Ich habe hier 6666 Euro. Könntet ihr bitte den anderen Frauen in den Zimmern Bescheid geben? Dann kann ich jeder Frau die vereinbarten 101 Euro für eine Stunde in die Hand geben.«

Es dauert eine ganze Weile, bis alle Frauen aus ihren Zimmern gekommen sind und ihr Geld in Empfang genommen haben. Fatima-Heike fragt frech: »Und jetzt? Sollen wir dir 'ne Nonnennummer machen?« Die Freier im Kontakthof grinsen und warten gespannt, wie es weitergehen wird.

»Nein, danke!«, schmunzelt der Pastor. »Ihr könnt mit dieser Stunde machen, was ihr wollt. Das ist ja der Sinn eines Geschenks.«

»Aber warum?«, ruft eine andere Frau aus der Menge. »Warum tust du das? Du kennst uns doch gar nicht.«

»Das stimmt«, antwortet er. »Wie ich schon sagte: Ich wollte euch allen einfach nur eine Stunde schenken, weiter nichts. Danach halte ich den Weihnachtsgottesdienst in meiner Gemeinde. Und dann gehe ich nach Hause zu meiner Familie, und es gibt die Bescherung. Aber ich möchte euch diese eine Stunde schenken, damit ihr an diesem Nachmittag nicht arbeiten müsst und die Gelegenheit habt, euch über Weihnachten zu freuen. Denn Weihnachten heißt, dass allen Menschen große Freude verkündet wird, weil für sie in der ersten Weihnacht der Retter Jesus geboren worden ist.«

»Was geht uns das an? Das erzählst du besser den Leuten in deiner Kirche«, unterbricht ihn eine Blondine. »Der Jesus, der will doch nichts mit uns zu tun haben. Der verurteilt doch unseren Lebensstil«, fährt sie fort.

»Die Leute in einer Moschee und die in deiner Kirche tun das auch, die wollen uns dort nicht haben!«, mischt sich Fatima-Heike ein. »Außer wir steigen aus«, fährt sie fort, »und leben von Hartz IV und lassen uns als Vorzeigeobjekte der Barmherzigkeit der Kirche herumreichen.« Sie lacht dabei, aber der Pastor merkt, wie verletzt sie tief innen ist.

»Das kann leider sein, dass Leute euch ablehnen«, gibt der Pastor zu, »aber der Herr der Kirche, Jesus, verurteilt euch jedenfalls nicht. Ich will es euch ganz kurz erklären: Damals, in der ersten Weihnacht, hat Gott Jesus auf die Erde geschickt, um den Menschen zu sagen: Ich habe euch lieb. Allen voran die Hirten, die wegen ihres Berufs und der damit verbundenen miesen Arbeitsbedingungen Ausgestoßene aus der Gesellschaft waren. Jedenfalls keine ›Vorzeigeobjekte‹, sondern ziemlich zwielichtige Gestalten, Penner und ehemalige Gangster. Doch gerade die hat Gott sich ausgesucht, um ihnen zuallererst die Weihnachtsbotschaft zu erzählen. Sie saßen am Lagerfeuer, und auf einmal umleuchtete sie eine riesige Lightshow. Als sie sich an das grelle Licht gewöhnt hatten, sahen sie einen Engel. Der sagte zu ihnen: Fürchtet euch nicht! Ich bringe euch die größte Freude für alle Menschen: Heute ist für euch in der Stadt, in der schon David geboren wurde, der langersehnte Retter zur Welt gekommen. Es ist Jesus Christus, der Herr. Und daran werdet ihr ihn erkennen: Das Kind liegt, in Windeln gewickelt, in einer Futterkrippe.

Weihnachten bedeutet, dass Gott sich den Menschen zuwendet und ihnen sagt: Ihr seid mir unendlich wertvoll, und ich habe euch total lieb. Weihnachten bedeutet, dass Gott den Menschen mit Jesus ein großes Geschenk macht: An dem Leben von Jesus sollen nämlich alle sehen können, wie man glücklich werden kann. Für Muslime ist Jesus ein großer Prophet, für Christen ist Jesus der Sohn Gottes. Für alle Menschen aber ist Jesus der Grund, warum es Weihnachten gibt, warum es Geschenke gibt und man einen ganzen Abend lang mal nur fröhlich sein kann. Aus dem Grund wollte ich euch heute eine Stunde Weihnachten schenken.«

»So hat mir das noch nie jemand erzählt!«, sagt Fatima-Heike bewegt. Sie unterhalten sich noch eine Zeit lang und stellen dem Pastor Fragen. Am Ende ist die eine Stunde viel zu schnell vorbei, während der sie miteinander lachen und glücklich sind.

»Wisst ihr was?«, sagt der Pastor, bevor er gehen muss. »Ich habe zwar kein Geld mehr, aber ich werde mir welches leihen und euch noch eine Stunde schenken, mit der ihr machen könnt, was ihr wollt, weil wir die erste Stunde ja nun hauptsächlich mit Reden verbracht haben. Und wenn ihr mögt: Ich lade euch alle in meinen Gottesdienst ein, damit ihr noch mehr Weihnachten erleben könnt. Ihr könnt gleich mit mir kommen, müsst aber nicht. Ihr könnt die Stunde auch einfach nur genießen und nichts tun. Aber ich würde mich sehr freuen, wenn ihr am Gottesdienst teilnehmt. Ich werde das sofort mit eurem Chef besprechen.«

Mit einem verlegenen Räuspern meldet sich da genau der zu Wort. Er hat sich seit einiger Zeit unbemerkt im Halbdunkel aufgehalten. »Das wird nicht notwendig sein. Du musst keinen Kredit aufnehmen, Pastor. Ich werde die nächste Stunde von meinem Geld bezahlen.«

Während die Frauen ihren Boss ungläubig ansehen, murren einige Freier: »Und was ist mit uns?« – »Sorry, aber die nächste Stunde ist der Laden dicht!«, verkündet der Bordellbesitzer bestimmt. »Du kannst mich mal!«, sagt einer der Freier ungehalten und steuert auf den Ausgang zu. Ein anderer ruft wütend: »Jetzt machst du wohl einen auf fromm, was?«

Die Frauen sind noch immer sprachlos über die zusätzliche freie Stunde. Manche verziehen sich in ihre Zimmer, andere an die Bar. Einige von ihnen aber, allen voran Fatima-Heike, machen sich auf den Weg, um im Gottesdienst der Gemeinde zu sehen, ob die Weihnachtsgeschichte wirklich das hält, was der Pastor versprochen hat.

MICKEY WIESE

3 Der Himmel für die, die die Hölle verdient haben

Die Nacht ist vorgedrungen, der Tag ist nicht mehr fern,
so sei nun Lob gesungen dem hellen Morgenstern.
Auch wer zur Nacht geweinet, der stimme froh mit ein.
Der Morgenstern bescheinet auch deine Angst und Pein.

Dem alle Engel dienen, wird nun ein Kind und Knecht.
Gott selber ist erschienen zur Sühne für sein Recht.
Wer schuldig ist auf Erden, verhüll' nicht mehr sein Haupt.
Er soll errettet werden, wenn er dem Kinde glaubt.

Die Nacht ist schon im Schwinden, macht euch zum Stalle auf!
Ihr sollt das Heil dort finden, das aller Zeiten Lauf
von Anfang an verkündet, seit eure Schuld geschah.
Nun hat sich euch verbündet, den Gott selbst ausersah.

Noch manche Nacht wird fallen auf Menschenleid und -schuld.
Doch wandert nun mit allen der Stern der Gotteshuld.
Beglänzt von seinem Lichte, hält euch kein Dunkel mehr.
Von Gottes Angesichte kam euch die Rettung her.

Gott will im Dunkel wohnen und hat es doch erhellt!
Als wollte er belohnen, so richtet er die Welt!
Der sich den Erdkreis baute, der lässt der Sünder nicht.
Wer hier dem Sohn vertraute, kommt dort aus dem Gericht.

JOCHEN KLEPPER

Kann man ein Lied adoptieren? Einfach so? Ich weiß nicht. Ich hab mich einfach getraut. Vor Jahren schon. Seitdem ist dieses Lied *mein* Lied. Ein Adventslied, das mich still und treu durch meine Adventstage begleitet. Und durch die Alltage. Und das mir dabei immer neue Facetten des Evangeliums aufschließt.

Die Gute Nachricht von Jesus Christus in fünf Strophen. Kompakt und konzentriert. Nicht weihnachtlich sanft und süß. Eher sperrig. Wie die Zeit, in der es entstanden ist: 1938 der Text, 1939 die Melodie. Eine dunkle Zeit, eine Zeit der Verführung und der Verblendung. Führerwahn. Judenpogrome. Kriegsvorbereitungen. Mittendrin der Journalist und Schriftsteller Jochen Klepper. Verheiratet mit einer Jüdin. Zwei Töchter. Der Willkür des Naziregimes ausgeliefert. Ein berühmter und erfolgreicher Schriftsteller – sein Roman »Der Vater« hat im Jahr zuvor eine bemerkenswerte Auflagenhöhe erreicht. Aber aus der »Reichsschrifttumskammer« wird er ausgeschlossen.

»Die Nacht ist vorgedrungen.« Ein solcher Satz hat einen besonders bedrohlichen Klang 1938. Viele ahnen das heraufziehende Unheil. Doch »der Tag ist nicht mehr fern«. Der Kontrapunkt des Glaubens und der Hoffnung. Und so geht es weiter in diesem Lied, fünf Strophen lang und wieder von vorn.

Bis heute.

Bis zu mir.

Nacht gegen Tag. Verzagtheit gegen Mut. Zweifel gegen Glauben. Verzweiflung gegen Hoffnung. Gott kommt. Er kommt ins Dunkel. Nicht nur mal so kurz auf Besuch. Er kommt, um zu bleiben. Im Dunkel dieser Welt und im Dunkel meines Lebens. Nicht als Richter kommt er. Als Retter! Als »Kind und Knecht«! »Als wollte er belohnen.«

Die nächtlichen Tränen haben ein Ende. Der Morgenstern ist aufgegangen. Der Himmel verbündet sich mit der Erde. Der Schöpfer mit der Schöpfung. Der Sündlose mit den Sündern. Das gilt für gestern. Für heute. Und es gilt für morgen. Gottes Huld war nicht eine momentane Laune. Seine Freundlichkeit nicht eine vorübergehende Gefühlsregung. Sein Freispruch nicht eine zeitlich eng begrenzte Amnestie. Gott lässt den Sünder nicht. Nie mehr. Seine Liebe wandert mit uns durch die Zeit. Scheint hell und warm auf alle unsere Wege.

Das ist das Evangelium, die Gute Nachricht. Die beste Nachricht, die je auf unserem Globus gehört wurde!

Dieses Evangelium aber will immer neu entdeckt und entfaltet und geglaubt werden. Denn es steht quer zu meinen Alltagserfahrungen. Quer zu den Regeln menschlichen Zusammenlebens. Quer zu den Grundsätzen der Leistungsgesellschaft. Quer zu allen religiösen Bemühungen. Quer zu meinem unfrommen Wunsch, mir die Zuwendung Gottes verdienen zu wollen. Sie lässt sich eben nicht verdienen. Sie lässt sich nur entgegennehmen. Geschenkte Liebe. Durch nichts und von niemandem verdient.

Nein, das hat man nicht einmal und ein für alle Mal verstanden. Das muss man immer wieder verstehen. Oder anders: Das muss man stehenlassen und immer wieder neu bestaunen. Denn verstehen lässt sich's nicht wirklich. Gottes Liebe ist ein Geheimnis. So geht man nicht mit Rechtsbrechern um! Nein, *man* nicht. Aber Gott.

Ich erinnere mich an ein Stilles Wochenende in Gnadenthal. Ich saß wohl schon eine Stunde in meiner kleinen Lieblingskapelle und wurde immer verzagter. Nein, vor diesem Gott hast du als Mensch keine Chance! Dieser Gedanke, dieses Gefühl drückte mich unerbittlich zu Boden. Es gibt sie ja, diese Momente, in denen dir messerscharf bewusst wird, wie groß, wie unüberwindbar die Sünde, der Sund, zwischen Gott und dir ist. In denen du's nicht mehr nur singst, in denen es vielmehr in allen Blutbahnen pulst: »Nichts hab ich zu bringen! Aber auch gar nichts! Ich bin ein Nichts vor dir, heiliger Gott, ein Niemand!«

Alle lendenlahmen Versuche, meinen Versäumnissen ein paar fromme Leistungen entgegenzuhalten, waren längst fehlgeschlagen. Ich wusste doch: Hinter vielen frommen Aktivitäten und Worten hatte allzu oft nur Geltungsdrang gesteckt.

Da saß ich nun also, buchstäblich ein Häuflein Elend. Das Kreuz an der Stirnwand der Kapelle wagte ich kaum noch anzuschauen. Les Jeux sont fait. Ich hatte verloren. Das Spiel verloren. Mich verloren. Gott verloren.

Als plötzlich eine helle Melodie in meinen düsteren Gedanken zu singen begann. Sehr leise und sehr zaghaft zunächst. Kaum wahrnehmbar. Doch dann immer lauter. Immer forscher. Und schließlich unüberhörbar.

»Wer schuldig ist auf Erden, verhüll nicht mehr sein Haupt. Er soll gerettet werden, wenn er dem Kinde glaubt!«

Galt das mir? Galt das wirklich mir? Gerettet wird, wer dem Kind glaubt? Dem Kind in der Krippe von Bethlehem?

Es war eine Melodie aus dem Himmel an diesem Tag. Eine Botschaft direkt von dem Kreuz, das da vor mir an der Wand hing. »Glaub nicht deiner Schuld! Glaub nicht deinem Gewissen! Glaub dem Kind! Glaub Jesus! Der gekommen ist, um die mit dem Himmel zu belohnen, die die Hölle verdient haben! Dich!«

Ich weiß nicht mehr, ob ich geweint habe. Aber ich weiß noch, dass mir zum Weinen zumute war. Vor Scham und Schreck und vor Staunen. Vor Freude und vor Begeisterung. Weihnachten und Ostern und Geburtstag und Jubiläum auf einmal. Mein Fest!

Wie der verlorene Sohn bin ich in Gottes Arme gefallen. In sein Erbarmen. Hab neu Platz genommen an seinem Tisch. An seinem Herzen. Hab mich satt gestaunt und satt gegessen. Und war im Himmel. Irgendwie.

JÜRGEN WERTH

4 *Ankunft in 24 Minuten*

»Ankunft in 24 Minuten.« Sagt der Navi. Eigentlich ja *das* Navi. Neutrum. Ein satellitengesteuertes Ortungs-Programm mit Straßenkarten-Display und erotischer Frauenstimme.

»Wer's glaubt, wird selig«, brummt Wolf-Rüdiger grimmig.

Er biegt auf die Bundesstraße ein und stellt den Scheibenwischer schneller. Schneeregen. Matschwetter. Zwei Baustellen stehen ihm noch bevor, wahrscheinlich sogar Umleitungen wegen der Weihnachtsmärkte in den zwei Dörfern auf dem Weg. Außerdem ist es Freitagspätnachmittag. Eine knappe halbe Stunde nur, pah. Soll man das glauben?

Sein Patenkind Frederike spielt um halb acht einen Engel. Im Gemeindehaus der übernächsten Stadt, abseits von Wolf-Rüdigers üblicher Heimfahrtstrecke.

Ausgerechnet heute ist es länger geworden im Büro. Erst streikte der Drucker, dann gab es Rückfragen, was will man machen.

»Noch 24 Tage bis Heiligabend, dann haben Sie Ihr Ziel erreicht.«

Wolf-Rüdiger reibt sich mit Daumen und Zeigefinger die Augen. Hat der Navi, also das Navi, eben »Heiligabend« gesagt? Nie im Leben. Ich bin völlig überarbeitet, denkt Wolf-Rüdiger, ich bin überdreht und müde. Höre schon Stimmen, meine Güte.

Früher, als man noch Straßenkarten benutzte, hatte seine Frau Roswitha auf dem Beifahrersitz den Autoatlas immer rumgedreht. Weil Ziele, die eine Frau anstrebt, »oben« sein müssen. Also jetzt nicht moralisch, sondern mehr so hirnphysiologisch gemeint. Frauen wollen nach »oben«. Auf jeden Fall. Auch auf der A 5, wenn man Richtung Basel fährt.

Heute macht dieses Rumdrehen ein Display. Freiburg im äußersten Südwesten Deutschlands ist rechts oben. Und Berlin ist links unten. Wenn man nach Freiburg fährt. Jetzt mal von sich aus gesehen. In dieser seiner streng subjektivistischen Weltsicht ist das Navigationsgerät eigentlich weiblich. Müsste also *die* Navi heißen. Sagt aber keiner. Besitzt ein Mann wie Wolf-Rüdiger noch einen Rest Geographiekenntnisse – Geographie, liebe Kinder, das ist, wenn man weiß, dass Dänemark oben und Österreich unten ist –, dann muss dieser Mann umdenken. Radikal umdenken.

Da. Die erste der befürchteten Baustellen-Ampeln. So ein Navi ist wie der Pfarrer auf der Kanzel, denkt Wolf-Rüdiger: Kriegt die Signale von ganz oben. Erwartet einfach, dass man seine Anweisungen befolgt. Behauptet Dinge, die der persönlichen Erfahrung widersprechen. Und manchmal sogar der konkreten Realität. Und provoziert dauernd die Frage: Soll man das glauben?!

»Ankunft Gottes als Mensch auf der Welt in 24 Tagen«.

Hat er das jetzt nur gedacht oder tatsächlich akustisch gehört? Wolf-Rüdiger starrt verwirrt aufs Display, prüft dann im Innenspiegel seine nervös geröteten Augen und verpasst dadurch beinah die Grünphase. Hinter ihm hupt es.

Umdenken, geht es Wolf-Rüdiger durch den Kopf. Radikal umdenken. Nicht nur räumlich, auch zeitlich. Natürlich kommt Jesus nicht erst an Heiligabend auf die Welt, verschwindet an Himmelfahrt wieder, und dann, »a-lle Jaa-hre wie-der, kommt da-has Christus-kind …«, nee nee. Der Kalender des Kirchenjahres erinnert lediglich daran, dass jedes einzelne Menschenleben und die Welt als Ganzes auf ein Ziel zusteuern. Und dass niemand weiß, wie viel Zeit ihm noch bleibt.

»Wenn ich nur noch 24 Tage zu leben hätte …«

Wolf-Rüdiger zuckt zusammen. Es gibt iPhones und Navis mit Sprachsteuerung, ja sicher, aber können diese kleinen Tyrannen jetzt schon Gedanken lesen und sie in Sprache umwandeln?! Jetzt werd' nicht auch noch sentimental, Menschenskind! So fängt wahrscheinlich ein Burnout-Syndrom an. Wenn ich nur noch 24 Tage zu leben hätte, würde ich nicht freitagabends in einem Feierabendstau stehen, sondern … Ja, was eigentlich? Der kleinen Frederike weise Vorträge halten? Fotos sortieren, versöhnliche Briefe schreiben, alte Freunde aufsuchen und die Verwandten zu einem Abschiedsessen einladen ? Mein Testament machen, Bücher und Bargeld verschenken, Meditationskurse belegen, beten und singen?

Wolf-Rüdiger drückt auf den Schalter über dem Türgriff, lässt die Seitenscheibe ein Stück herunter und atmet die feuchte Winterluft ein. Tief durchatmen, gaaanz tief durchatmen. Und logisch denken:

Ob Gott auf mich zukommt oder ich mich mit jedem Tag verbrauchter Lebenszeit auf ihn zu bewege, ist nur eine Frage der Perspektive. So gesehen ist das ganze Leben ein einziger Advent. Die Zeitspanne nämlich, in der ich auf eine Begegnung mit Gott zusteuere. Aber diese Begegnung muss doch nicht erst stattfinden, wenn ich sterbe, oder?

Dass Gott »oben« im Himmel ist und in Jesus »auf die Erde ni-hieder« kommt, »wo-ho wir Menschen sind« – auch das ist nur die räumliche Vorstellung eines netten Kinderliedes zu Weihnachten. Gott ist hier, überall, vermutet Wolf-Rüdiger. Um mich herum in dieser Mittelklassenkutsche, an mir dran in meinem mittelmäßigen Leben und in mir drin in meinem mittelprächtigen Charakter. Hat man weniger Angst vor dem Tod, wenn man Gott schon vorher ein paarmal begegnet ist?

Wolf-Rüdiger schließt das Fenster wieder und wischt sich die Regentropfen von der linken Schulter.

Die Graupelschauer da draußen verwandeln sich in Schneetreiben. Die endlose Kette aus Blech und roten Rückleuchten schiebt sich durch den adventlich geschmückten Ortskern wie eine schläfrige Python. Ampel Nr. zwei ist grün, Ampel Nr. drei wieder rot, Ampel Nr. vier ist kaputt. Vorwärts geht es trotzdem nicht.

»Neuberechnung. Neuberechnung.«

Aha. Seine neunmalkluge Mutti im Armaturenbrett hat die Umleitung um den Weihnachtsmarkt im nächsten Ort gecheckt. Soll er ihr vertrauen, obwohl er die Nebenstrecke nicht kennt ? Wie oft hat er schon regelrechte Machtkämpfe mit ihr ausgefochten! Ja, die Navi wies ihm den kürzesten Weg nach Hause. Aber dass es 600 Meter raufging und dort oben Nebel und Glatteis herrschten, wusste sie nicht. Ja, geradeaus ging die Goethestraße weiter. Aber als Fußgängerzone. Mit Treppenstufen vorne dran. Und die abknickende Vorfahrt hieß Gotenstraße.

Wolf-Rüdiger ist nicht der Typ für »blinden« Gehorsam. Nicht im Auto und nicht in der Kirche. Einen Rest gesunde Skepsis hat er sich immer erhalten, Navis und Pfarrern gegenüber jedenfalls. Man muss schon mal aus dem Fenster schauen und selber denken. Oder mit der Beifahrerin reden. Säße jetzt Roswitha neben ihm, könnte er das. Mit dem Navi dagegen ist nicht zu

reden. Auch mit Sprachsteuerung nicht. Der/ die/ das Navi fordert immer nur Gehorsam. Und ist hinterher nicht mal schuld, wenn die Umleitungsstrecke über unbefestigte Forstwege verlief. Letzte Woche, nach drei Tagen Dauerregen, soll ja ein 7,5-Tonner auf so einem Feldweg versackt sein.

Er hat schon Predigten gehört und Lieder gesungen, erinnert sich Wolf-Rüdiger, die stellten Gott genau so dar: Blinden Gehorsam fordernd, immer im Recht, nie zur Verantwortung zu ziehen. Je angestrengter und erschöpfter der dumme kleine Mensch mit den Widrigkeiten seiner Lebensumstände kämpft, umso triumphaler erhebt sich der Himmelsherrscher über ihn. Je winterlicher und dunkler die Verhältnisse seiner orientierungslosen Geschöpfe sind, desto majestätisch glänzender strahlt der Schöpfer. Wolf-Rüdiger fand das nie »herrlich«. Sondern immer nur herrisch.

Seine Stimmung hebt sich, als die Autoschlange vor ihm an Tempo gewinnt und ein paar Kilometer zügige Fahrt möglich werden. Quer über der Straße hängt im nächsten Dorf ein riesiges Banner. Ein rotwangiger Weihnachtsmann mit Sprechblase: »Hohoho, Weihnachtsmarkt!«

Also gut. Ich werde der Umleitungsempfehlung Folge leisten, denkt Wolf-Rüdiger. Was soll's. Eine ganze Stuhlreihe genervter Zuschauer wird aufstehen müssen, Frederike wird enttäuscht sein, ihre Eltern werden vorwurfsvoll dreinschauen, und Roswitha, seine Frau, wird »typisch!« zischeln. Eine letzte Chance, rechtzeitig zum Krippenspiel zu kommen, gibt es nur, wenn der Pfarrer eine lange Einleitungsrede hält.

Wolf-Rüdiger schaltet runter, blinkt nach links, lässt den Gegenverkehr durch und biegt in die Nebenstrecke ein.

»Na?« Erwartungsvoll schaut er aufs Display. Sein Navi schweigt.

»Was ist?! Ich tue, was du sagst, merkst du das eigentlich? Könntest mich ja ruhig mal ein bisschen loben.«

Mein Gott, jetzt rede ich schon mit einem Gerät …

Die Umleitung ist eine überraschend breit ausgebaute Umgehungsstraße. Nagelneu. Es muss Jahre her sein, dass er das letzte Mal diese Strecke fuhr. Wolf-Rüdiger gibt Gas, schnurgerade bergab, rast mit knapp 110 km/h am Ortsschild vorbei und wird prompt geblitzt. Egal.

»Ankunft am Ziel auf der linken Seite.«

Schau an, Frau Oberlehrerin hat die Sprache wiedergefunden.

Er stellt den Wagen vor dem Gemeindehaus auf einen gebührenpflichtigen Parkstreifen und legt den Kassenbon vom Getränkemarkt unter die Windschutzscheibe.

»Sie haben Ihr Ziel erreicht«, sagt der/die/das Navi.

Wolf-Rüdiger schnallt sich ab und schaut auf die Uhr.

»In exakt 24 Minuten«, nickt er. »Aber woher wusstest du, dass ich fahren würde wie eine gesengte Sau?«

Drinnen beginnt der Pfarrer gerade mit einer langen Einleitungsrede.

Frederike auf der Bühne, im Engelkostüm, strahlt ihren Patenonkel an. Wolf-Rüdiger kommen schier die Tränen. Ihre Eltern freuen sich, Roswitha begrüßt ihren Mann mit einer heftigen Umarmung und einem Kuss auf den Mund.

»Wie hast du das denn geschafft?!«

»Einfach mehr vertrauen. Mehr darauf vertrauen, dass Gott menschlich ist. Darum geht's doch im Advent, oder?«

Die beiden setzen sich.

Der ist ja völlig überarbeitet, denkt sie.

ANDREAS MALESSA

5 *Was soll einmal werden?*

Ein Nachmittag in adventlicher Stimmung. Kerzen, Zimtsterne und Kakao. Die Kinder fertigen ihre Wunschzettel an, wir Erwachsenen reden über alte Bräuche, blöde und schöne. Wie nebenbei frage ich eins meiner Patenkinder, das gerade einen pinkfarbenen Schal, Mütze und Handschuhe gemalt hat: »Was willst du denn eigentlich mal werden?« Und die Kleine antwortet: »Groß!« Da sie es mit einem kleinen Lispeln ausspricht, klingt es besonders bezaubernd. Ich lache sie an und frage weiter: »Und dann? Wenn du groß bist, was dann?« Sieben Erwachsene sind auf einmal gespannt, neugierig und sehen sie erwartungsvoll an. Und die Kleine, sie ist gerade fünf Jahre alt geworden, sagt mit einem selbstbewussten Ton der Selbstverständlichkeit und keineswegs so, als kündige sie ein Geheimnis an: »Eisprinzessin!« Dann winkt sie und geht weg zu den anderen Kindern.

Wir, sieben Erwachsene, wissen nicht, was eine Eisprinzessin ist. Das Wort klingt, als käme es aus einem Märchen. Oder gehört es in den Sommer? Zu Vanille, Erdbeer und Schokolade? Oder doch auf den zugefrorenen See und zum Schlittschuhlaufen?

Da sagt einer von uns: »Ich, ich wollte ja immer Erfinder werden.« Heute ist er Anwalt. Und er findet, dass er schon lange keine Entdeckung mehr gemacht hat, viel zu lange schon nicht mehr. Und das allerdings war jetzt eine Entdeckung, und er nimmt sich vor, dringend mal wieder etwas zu erforschen oder zu suchen.

Seine Frau sagte, sie habe, wie viele andere Mädchen auch, Stewardess werden wollen. Sie sei dann aber zunächst einmal von der Schule geflogen. Sie grinst ihren Mann an. Und sie sei Mutter geworden. Aber später sei sie viel gereist. Sie schaut sehnsüchtig aus dem Fenster. Sie sieht so aus, als würde sie sich freuen, wenn ihr gleich jemand einen Tomatensaft anbieten würde.

Der Vater der zukünftigen Eisprinzessin meint, er habe Fußballprofi oder Rennfahrer, aber Hauptsache reich werden wollen. Das ist ihm auch gelungen. Weil er eine von Hause aus wohlhabende Frau geheiratet hat.

Genau die wiederum gesteht uns mit einem Schulterzucken: »Ich war ja immer so supergut in Latein.« Aber Latein habe so alt geklungen, nach Vergangenheit. Zukunft aber sei BWL gewesen, und so sei sie eben Managerin geworden. »Vielleicht hole ich meinen Cicero mal wieder raus«, meint sie. »Oder ich lese die Weihnachtsgeschichte mal auf Latein. Gloria in altissimis Deo, et in terra pax hominibus bonae voluntatis'« zitiert sie versonnen. Und fügt gnädigerweise hinzu: »Ehre sei Gott in der Höhe und Friede auf Erden bei den Menschen seines Wohlgefallens.«

Und einer überrascht uns, weil er leise sagt, so als wage er kaum, es zuzugeben, er habe Tänzer werden wollen. Pina Bausch, Ballett. Der neben ihm stupst ihn in die Seite und meint feixend: »Du ein sterbender Schwan?« Aber er merkt, dass der andere es ernst meint und schweigt.

Wir sind alle nachdenklich geworden. Was ist, wenn der Kindertraum eines Tages ausgeträumt ist? Wenn wir versäumt haben, zu verwirklichen, was wir eigentlich wollten? Heute ist der Traum-Tänzer ein erfolgreicher Designer. Ist er denn nicht glücklich? Niemand wagt, es in diesem Moment zu fragen.

Und der von uns, dem immer schon alles einfach so zugefallen ist, meint: »Ich bin da, wo ich immer hin wollte.« Er sagt es so nüchtern, dass wir alle spontan und wie verabredet beschließen, ihn heute einmal nicht zu beneiden.

Eine wollte eigentlich immer nur singen oder Flöte spielen. Aber Künstlerin sei nun mal nach Ansicht ihrer Eltern kein Beruf, und so habe sie etwas Anständiges gelernt. Da sie nicht berufstätig ist, fragt niemand nach, was sie damit wohl meint.

Wir Erwachsenen gucken in Richtung der Kinder, die immer

noch schreiben, malen, verzieren und ihre Wünsche so ernst nehmen. Ich beobachte die Kleine, die groß werden will. Kann man denn wohl Eisprinzessiologie studieren? Und wenn ja, wird sie es tun? Würde ich mein Patenkind dazu ermutigen? Da merke ich, dass die Blicke auf mir ruhen. Ich bin die Letzte in der Runde, die noch nichts gesagt hat. Und ich sage vorsichtig, fragend: »Geschichtenerzählerin vielleicht?« Denn als kleines Mädchen hatte ich meine Puppen und den Teddy aufmerksam in eine Reihe gesetzt, um ihnen Geschichten zu erzählen. Die konnten sich nicht wehren, und ich konnte stundenlang meiner Fantasie freien Lauf lassen. In meiner Erinnerung haben sie mir immer gerne zugehört. Ich bin überzeugt, einige haben sogar hin und wieder zustimmend genickt.

Und weil die Stimmung in diesem Moment ein bisschen so ist wie damals und wir an diesem Adventssamstag alle irgendwie zurückversetzt wurden in unsere Kinderzimmer, zu Fußballschuhen, Bilderbüchern, Träumen und Spielen, ist mir nach erzählen. Und ich beginne:

»Ich kannte mal einen, der hatte erst eine ganze Weile lang, es kommt einem ausgesprochen ewig vor, eine Welt geschaffen. Sterne, das Meer, Kastanienbäume, Rosen, Tannen, Granatäpfel, den Zimt und den Zucker, Schneeleoparden und Menschen. Und dann eines Tages fasste er einen Entschluss, oder fasste sich ein Herz, wie man sagt, als würde er einem Kinder-Jugendwunsch nachspüren, und offenbarte, dass er Zimmermann werden wolle.« Ich gucke in die Runde, Entdecker, Stewardess, wohlhabend, Gloria, Tänzer, zufrieden, Künstlerin und frage: »Ihr kennt den doch, oder?« Und sie nicken alle.

Wir reden noch lange: Wurde er groß? Nicht nach unseren Maßstäben. Aber weltberühmt. Erfolgreich? Nicht wirklich. Aber wir bereiten uns zurzeit alle auf seinen Geburtstag vor. Er wurde Zimmermann. Baute Türen für neue Räume. Fenster zum Himmel. Runde Tische, um in Gemeinschaft Brot zu teilen. Er starb viel zu jung, unvergessen. Er zeigte sogar, dass die Liebe stärker ist

als der Tod, fast unglaublich. An einem Samstagnachmittag verdanken wir ihm adventliche Stimmung, jetzt wirklich. Sie geht über Kerzen und Kekse hinaus. Jesus ist ein Kind. Wie die Kinder, die ihre Wunschzettel so ernst nehmen und ihre Erwartungen an das Leben, erinnert er uns an unsere Träume. Dass er ein Handwerk als Beruf erlernt hat, scheint uns nicht so bedeutend. Weil er vor allem ein Mensch war. Wenn Gott, der Liebe ist, Mensch wurde, kann der Mensch werden, wozu er geschaffen ist: ein Liebender. Das ist uns auf einmal das Wichtigste. Das sollten wir dann auch können. Auf einmal ist alles möglich.

Die Überlegungen gingen weiter. Am nächsten Morgen, am Sonntag, erzählten wir uns, wie die Träume uns nicht losgelassen hatten. Und Jesus selbst uns keine Ruhe ließ mit seinem Wunsch vom Menschwerden und Lieben. Einige beschlossen, Wunschzettel zu schreiben. Mindestens für sich selbst. Andere sagten, sie hätten gebetet. Und wir alle freuten uns sehr auf Weihnachten.

CHRISTINA BRUDERECK

6 Süßer die Glocken nie klingen

Sogar die Orgel, frisch entstaubt, ertönt an den Adventssonntagen von der Empore. Der Gottesdienst – diesmal eher klassisch gestaltet, sehr zur Freude der älteren Semester – ist vorüber. Darum, dass das Paar keinen Winkel fand, ging es heute. Kein Platz für Weihnachten in der hektischen Weihnachtszeit. Hier und da stehen einige Gottesdienstbesucher, sonntäglich herausgeputzt, am Rand der Stuhlreihen gruppenweise zusammen und plaudern. Dicht am Ausgang, auf Höhe der Schirmständer und der im Winter für nasse Mäntel bereitgestellten Kleiderstangen, sammeln sich einige Besucherinnen, die Sonntag für Sonntag immer links hinten im Gottesdienstraum sitzen.

»Ach, das war ja wieder ein richtig schöner Gottesdienst! Jetzt, so kurz vor Weihnachten, gehen mir jedes Lied und jedes Wort so ganz besonders zu Herzen! Geht es euch nicht auch so?«

Drei Damen im besten Alter, dezent geschminkt, stehen lächelnd beieinander und nutzen die wenigen Minuten, die ihnen der wohldurchdachte und haargenau strukturierte sonntägliche Tagesablaufplan einräumt. Noch vor Ende der Zeitschaltuhrautomatik des Backofens, in dem der Sonntagsbraten bereits schmort, gilt es, den Heimweg anzutreten. Aber die Zeit für ihr übliches Geplauder wurde von allen eingerechnet.

»Ja, mich stimmt die Advents- und Weihnachtszeit immer so ein wenig melancholisch, nachdenklich. Da zieht es mich förmlich in das Gotteshaus.«

Alle drei nicken. Die Dame in der Mitte besonders.

»Diese Jahreszeit ist einfach wie gemacht für das In-sich-Gehen.«

Die Dame rechts zupft einen Fussel vom ordentlich über den

Arm gelegten Wollmantel. »Feierlich war sie, diese Predigt, das muss man dem Pastor schon lassen. Aber musste er denn am Ende wieder auf diese Sonderspenden und Opfer hinweisen? Meinem Mann und mir gefällt das gar nicht.«

Von links und aus der Mitte kommt enthusiastische Unterstützung durch nahezu synchrones Kopfnicken:

»Genau! Um diese Zeit sind immer schon die Jahresbeiträge für den Automobilclub und das Konzertabo fällig. Und die Rate für das Wochenendhaus kommt auch bald wieder auf den Tisch.«

»Bei uns kommen noch die Sportvereine dazu, die Studiengebühren der Kinder! Es wird einem aber auch gar nichts geschenkt!«

Erneutes heftiges Nicken von rechts und aus der Mitte, wobei die Dame in der Mitte leicht nervös die Oberlippe verzieht.

»Dann wird immer gleich an das weibliche Feingefühl appelliert mit diesen Bildern und Sätzen von Ausländern – als ob uns hier in Deutschland alles in den Schoß fiele ...«

Ein weiterer Fussel wird vom Mantelrevers geschnippt.

»Ist dein Mantel eigentlich neu? Der ist ja todschick!« Der Stoff und die Verarbeitung werden eingehend bestaunt. Es folgt allgemeine Bewunderung.

»Man muss doch auch mal an sich denken! Gerade hat Walter die neue Skiausrüstung bekommen.«

»Vergiss nicht die neuen Winterreifen, von denen du letzten Sonntag erzählt hast, und den neuen Bildschirm für euren Sohn!«

Die Dame links erhebt den Zeigefinger der rechten Hand, wobei sie ihr glitzerndes Armband kurz im Lichtkegel der Deckenbeleuchtung spielen lässt:

»Da hast du goldrichtig gehandelt! Für uns muss auch immer mal wieder etwas herausspringen, sonst kommt man selbst viel zu kurz!«

Rasche Seitenblicke nach links und rechts.

»Wenigstens etwas Schönes für sonntags muss man doch im

Schrank haben!« Die Köpfe wandern aufeinander zu und werden etwas dichter zusammengesteckt.

»Also, wenn ich da an diese Frau aus der Nachbarschaft denke, die seit kurzem die Gottesdienste besucht, da muss ich mich schon sehr wundern! Wie kann man denn in solch abgewetzten Klamotten in der Kirche erscheinen?« Die Röcke werden pikiert glatt gestrichen.

»Mir wäre das direkt peinlich.« Zur Sicherheit werden auch die Blusen noch einmal gerade gezupft. »Ich habe gehört, die andere junge Frau aus der Nachbarschaft, diese mit Kleinkind, ohne Mann – die wurde wohl in den Hauskreis bei Berchtholds eingeladen.« Die zwei anderen Damen machen große Augen.

»Aber das war doch immer so eine gemütliche Runde bei ihnen!«

»Die Frau des Pastors sagte, wir sollten beim nächsten Treffen vielleicht einen Bibelkurs starten.« Von links kommt eine abwehrende Handbewegung, während die Augen der Dame rechts noch größer werden.

»Was? Wir dürfen uns nicht einfach nur unterhalten, wie wir wollen, wir müssen den Ablauf ändern, nur weil diese eine Person so unwissend ist und nichts vom christlichen Glauben weiß?«

Die mittlere Dame erwidert: »Vielleicht können wir mit der Frau des Pastors einmal reden. Sie scheint sich ja gut mit dieser Bekanntschaft aus der Nachbarschaft zu verstehen. Da könnte sie sich doch erst mal zu zweit mit ihr treffen, oder?«

»Gute Idee! Das ist doch auch irgendwie ihre Aufgabe, sich um die Einzelgänger und Neuen in der Gemeinde zu kümmern – so als Frau des Pastors.«

Der zuvor bewunderte neue Mantel wird langsam angezogen, wobei der Wollstoff betont langsam über die Ärmel gestreift wird. »Dann sollten wir sie gleich noch mal darauf ansprechen, dass ihr Mann und der Diakon mitunter ziemlich viel fordern. Vielleicht kann sie ihm das als Ehefrau mal stecken.« Ein fragendes Gesicht in der Mitte bekommt sogleich eine erklärende Antwort von links und rechts: »Der Pastor hat doch diesen Fahrdienst für ältere Personen begonnen. Da hat der Diakon doch neulich meinen Mann gefragt, ob er denn nicht auch einmal im Monat einige Senioren zum Gottesdienst abholen und wieder nach Hause fahren könnte.« Kopfschütteln aller drei Damen und nahezu rhythmisches Klirren hängender Ohrringe. »Man möchte doch gerade am Sonntag, am Ruhetag, auch mal ein wenig verschnaufen!«

»Wo die Männer die ganze Woche mit ihren Firmen zu tun haben und wir mit unseren Arbeitsstellen ...« Die Köpfe rücken wieder etwas auseinander.

»Und die anderen Verpflichtungen kommen ja noch dazu: Elternverein der Schule, Segelclub – da wünscht man sich doch gerade am Sonntag etwas Privatleben!« Von links wird sogleich zugestimmt:

»Wir sollten uns doch ein Minimum an persönlicher Freiheit beibehalten können, findet ihr nicht?«

Einem Augenaufschlag von rechts folgend, rücken die Köpfe der drei Damen wieder etwas dichter zusammen. »Wenn ihr mich fragt, dann hat der Diakon gar keinen Grund, andere zu fragen – der Pastor wird für so was bezahlt. Er hat eben andere Arbeitszeiten und als Pastor auch andere Aufgaben als wir.«

»Und vor allem: Wenn ich mir sein Auto anschaue, dann wundere ich mich schon ein wenig, dass auch noch andere fahren sollen.«

»Über zu wenig Platz in seinem Auto kann er sich nun wirklich nicht beklagen.«

»Da hast du recht: Welcher Pastor fährt schon einen 7-Sitzer!«

Wieder herrscht große Einstimmigkeit. Mit wichtigem Seitenblick legt die Frau von links noch mal nach:

»Der Diakon kann ja einmal mehr fahren, der hat auch einen großen Wagen! Oder seine Frau – die findet ja immer, man müsse sich mehr in die Gemeinde einbringen.« Die Köpfe gehen wieder leicht auseinander. Erste Blicke auf die glitzernden Armbanduhren deuten das bevorstehende Ende der sonntäglichen Erbauungsgespräche an.

»Ach, bevor ich es vergesse: Bald ist ja der Weihnachtsbasar, da werden sicher wieder diese hübschen Seidentücher verkauft, oder?«

»Du meinst diese Schals und Halstücher aus der Behindertenwerkstatt? Ich denke schon!« Nicken von links.

»Ja, diese bunten, hübschen! Ich werde nämlich nicht hier sein können für den Basar, das Wochenendhaus muss winterfest gemacht werden!«

Von rechts und aus der Mitte prompte Bekräftigung:

»Aufbauen kann ich auch auf keinen Fall, da muss ich meine Weihnachtseinkäufe erledigen.«

»Nein, da werde ich auch nicht helfen können! Der Basar fällt immer auf den Samstag nach unserer Betriebsweihnachtsfeier. Das wird mir dann zu viel.«

Von links rückt der Kopf wieder etwas näher. »Ich wollte euch nur bitten, mir drei oder vier von diesen Tüchern beiseitelegen zu lassen – die machen sich immer so nett als Mitbringsel beim Skivereinstreffen, und die kosten ja auch nicht so viel wie im Laden – bevor die Besucher aus dem Viertel wieder alles wegkaufen.«

Sogleich folgt ein Einwurf aus der Mitte:

»Wir können das gleich der Frau vom Pastor mitteilen, wenn wir eh schon mit ihr reden.«

»Gute Idee! Sie muss ja mithelfen, als Angestellte der Gemeinde, da kann sie gleich schon beim Aufbauen ein paar von den Schönsten beiseitelegen …«

»Und mir schmeckt die selbst gekochte Blaubeermarmelade von Kerstin immer so gut. Die werde ich am Parkplatz noch fragen, ob sie mir nicht einfach vorab schon welche verkaufen kann, etwas billiger, so unter Freunden – beim Basar ist immer alles gleich weg, wenn die ganze Nachbarschaft hier durch das Gemeindehaus rennt.«

Verständnisvoll nickend bewegt man sich, Mäntel glattstreichend und Hüte zurechtrückend, in Richtung Ausgang. Dem Pastor wird freundlich die Hand geschüttelt.

»Ach, das war wieder eine richtig zu Herzen gehende Botschaft!«

»Vielen Dank für das wunderbare Wort! Bis nächsten Sonntag, Herr Pastor.«

Gegenseitige Wertschätzung, nur nicht zu lang, denn der Braten ruft. Einige Schritte später folgt die herzliche Abschiedsszene der drei Damen und nach dem Durchschreiten der Ausgangstür allgemeine Beteuerung, wie aufbauend die Sonntage doch immer wieder seien – ganz besonders zur Weihnachtszeit.

Schnee liegt in der Luft, und die kühle Brise des Vormittags weht den Klang der Kirchenglocken zum Gemeindehaus hinüber. Der Pastor sieht den Gottesdienstbesuchern noch eine Weile beim Glockenklang nach. »Süßer die Glocken nie klingen« – erstaunlich, dass sie in der Vorweihnachtszeit besonders süß klingen. Dabei bestehen sie doch eigentlich aus steinhartem Material. Die Glockentöne werden leiser, da kommt dem Pastor der Gedanke, dass man Gott im Lärm des Alltags nicht nur einfach hören, sondern ihm zuhören sollte. Nicht nur herzlich lächeln, sondern ihm das Herz öffnen kann – schon ist er in Gedanken bei der Predigt für den kommenden Adventssonntag. Nur, wenn der Klöppel den richtigen Fleck im richtigen Augenblick trifft – sozusagen mitten ins Herz der Glocke –, erzeugt sie echte warme, wunderbare Wohltöne, die lange nachhallen und die ganze Glocke zum Schwingen bringen.

Gut, dass ein Adventssonntag nicht nur Wochenausklang ist, sondern immer auch der Auftakt für den nächsten Advent! denkt er, während die letzten akustischen Glockentöne leise in der Winterluft verhallen.

PETRA PIATER

7 24 Tage im Leben einer Teenagerin

1. Dezember

Shit. In 24 Tagen ist Weihnachten. Ich hätte es fast vergessen, aber dann lag da mal wieder dieser Papp-Adventskalender von Mami auf dem Frühstückstisch. Ich hasse Weihnachten. Diese perversen Geschenkorgien gehen mir total auf die Nerven. Und am Ende streiten wir uns sowieso nur wieder alle, Mama ist besoffen, und Papa hängt bis morgens vor der Glotze. Am liebsten würde ich mich mit Bruderherz zu einer übelst guten Party verdrücken. Wann bin ich endlich 18?

2. Dezember

Heute Morgen hatten wir nur vier Stunden in der Schule. Der Mathelehrer ist krank. Er hat wohl Algorythmoritis. Lars hat in der großen Pause ständig zu mir rübergeschaut. Der Typ nervt. Heute Abend treffe ich mich mit Tim. Eigentlich hätte ich diese Woche meine Tage bekommen sollen.

3. Dezember

Das Treffen mit Tim gestern war echt ätzend. Er hat die ganze Zeit nur von Fußball geredet und nicht einmal gefragt, wie es mir geht. Fußball, Fußball, Fußball. Manchmal wünschte ich mir, Tim würde sich das Bein brechen und könnte für ein paar Wochen nicht mehr spielen. Dann gäbe es bestimmt auch mal ein anderes Gesprächsthema. Aber ich liebe ihn immer noch, keine Ahnung, warum. Abends noch lange mit Marion telefoniert, sie ist die Einzige, die mich wirklich versteht.

4. Dezember

Heute haben wir in der Schule über den Sinn von Weihnachten gesprochen. Marion sagte, Weihnachten wäre das Fest der Freude. Sonja sagte, an Weihnachten wäre das Christkind geboren. Als ich sagte, Weihnachten hätte der Ottokatalog erfunden, haben alle gelacht. Nur mein Lehrer nicht. Ich soll morgen, nach der Schule, in sein Büro kommen.

5. Dezember

Endlich Wochenende. Ich werde auf die Nikolaus-Schulparty gehen. Mal sehen, wie das wird. Hauptsache, mal einen Abend nicht zu Hause verbringen. Mami und Papi haben sich gestern Nacht wieder so laut gestritten, dass ich davon aufgewacht bin. Horror. Das Treffen im Lehrerbüro war erträglich. Er machte eher einen auf Mitleid und warum mir denn das schöne Weihnachten nicht gefallen würde. Wenn ich die Fähigkeit besäße, auf Kommando zu weinen, dann hätte ich bestimmt noch mehr rausschlagen können. Mein Schauspieltalent hält sich aber leider in Grenzen. Wo kann man so was lernen?

6. Dezember

Ich hab immer noch nicht meine Tage. Mach mir etwas Sorgen deswegen. Heute hatten wir mehrere kleine Beutel mit Schokolade und Keksen in unseren Schuhen. Nachdem ich einen gegessen hab, wurde mir so schlecht, dass ich eine Viertelstunde auf dem Klo kotzen musste. Scheiß Kekse. Abends noch lange Fernsehen geschaut.

7. Dezember

Tim hat heute bei Facebook ein Foto von Hanna geliked und gepostet »Hübsches Gesicht«. Spinnt der? Was ist das für ein Arschloch! Wenn ich Hanna jetzt aus meiner Freundesliste streiche, kriege ich aber auch nicht mehr mit, falls er so was noch mal tut. Läuft da was zwischen den beiden? Wir sind morgen zum Kino verabredet. Ich werde ihn drauf ansprechen.

8. Dezember

Kino mit Tim war total verrückt. Ich hab ihn in der Schlange vor dem Kartenschalter drauf angesprochen, und er ist vollkommen ausgerastet. »Spionierst du mir hinterher?«, hat er gefragt. Und: »Ich kann bei Facebook liken, wen ich will!« Mitten im Film streichelt er dann zuerst meine Hand und dann meine Beine. Ekelpaket. Warum bin ich mit dem Loser überhaupt noch zusammen? Heute Morgen haben wir uns dann wieder in der Schule gesehen. Er hat so getan, als ob nichts gewesen wäre. Es gibt einen neuen Mitschüler in der Klasse. Kommt aus Ungarn und heißt Attila. Sieht ganz gut aus. Findet Marion auch.

9. Dezember

Meine Keksportionen vom Nikolaus sind schon fast alle. Und das Ergebnis konnte man auch sofort auf der Waage sehen. Shit. Ich muss abnehmen. Besser nach Weihnachten. Musste heute wieder abends kotzen. Einer der Kekse war bestimmt schlecht.

10. Dezember

Ich konnte mich in der Schule heute den ganzen Tag nicht konzentrieren. Hab ständig vom Strand und Meer geträumt. Und von Attila. Und von Strand und Meer mit Attila. Muss mir noch eine Liste mit möglichen Geschenkideen machen. Mein Bruder bekommt ein Spiel für die »Playsi« (für Nichtinsider: Playstation). Papa bekommt ein neues Aftershave. Und Mama eine Portion Rattengift. Spaß …

11. Dezember

Heute hab ich mir in der Schulbibliothek ein Aufklärungsbuch ausgeliehen. Mann, das war peinlich. Als ich mit hochrotem Kopf am Tresen stand, kam Silke gerade vorbei. Wir haben uns ganz dumm angelächelt. In dem Buch steht drin, dass ein Zyklus auch mal zwei Wochen länger gehen kann. Und außerdem hab ich mich auch verrechnet. Ich müsste eigentlich erst morgen meine

Tage bekommen. Puh, das verschafft mir etwas Luft. Vielleicht erzähle ich Marion am Wochenende davon. Sie wird mir bestimmt den Kopf waschen. Aber dafür sind Freundinnen ja auch da.

12. Dezember

Endlich Samstag, endlich ausgepennt. Bruderherz war bestimmt zwei Stunden im Badezimmer. Seitdem er eine neue Freundin hat, braucht er Stunden vor dem Spiegel. Rasiert sich nicht nur im Gesicht, sondern auch unter den Armen und wer weiß noch wo. Na ja, besser so, als dass er den ganzen Tag stinkend und mit fettigen Haaren rumläuft wie noch im letzten Sommer. Heute Abend war dann die Jahresabschlussparty von Tims Fußballverein. Alle waren besoffen, inklusive Tim. Ich mag ihn nicht, wenn er so ist. Bin dann früher nach Hause gegangen.

13. Dezember

Der Sonntag war wie immer sehr lahm. Morgens von den Kirchenglocken aufgewacht. Die Glocken läuten nur heute, kurz bevor der Gottesdienst losgeht. Vielleicht sollte ich mal wieder hingehen. Ist lange her. Was wohl der Pfarrer sagen würde, wenn ich mit 15 ein Baby kriege? Mama war heute Abend wieder hacke und hat sich dann im Vollsuff mit Papa gestritten. Es ging um das Lieblingsthema »Geld«. Vielleicht spiele ich mal Lotto? Wenn ich eine Million gewinnen würde, müsste man das Geld in kleinen Scheinen in eine Plastiktüte tun. Dann würde ich die Tüte über der Tür aufhängen, und wenn sie reinkommt, an der Strippe ziehen. Die Scheine würden vom Himmel regnen. Nur doof, dass man Lotto erst ab 18 spielen kann.

14. Dezember

Heute stand Attila in der Schulmensa plötzlich hinter mir. Ich hab mich erst mal total erschrocken. Aber er hat mich voll lieb angesprochen und mich gefragt, was ich Weihnachten mache. Er fährt über die Feiertage zu seinen Eltern nach Ungarn.

Beim Abschied hat er mir noch einmal so seltsam in die Augen geschaut. Hach, diese Augen! Blaugrau, wie das Meer. Ich schmelze …

15. Dezember

Tim hat mir nachmittags eine SMS geschrieben. Wann wir uns mal wieder sehen. Er hätte Sehnsucht. Ich könnte auch gerne wieder bei ihm übernachten. Ich weiß ja, worauf das hinausläuft. Hab mich aber doch auf, ein Treffen breitschlagen lassen. Dann setzte ich meinen Ipod auf, und das erste Lied, das lief, war von den Ärzten: »Männer sind Schweine.« Zufall?

16. Dezember

Was denkt Gott eigentlich über Abtreibung? Gibt es nicht auch gute Gründe, sein Kind nicht austragen zu wollen? Zum Beispiel, wenn das Baby behindert wäre? Aber das ist eigentlich nicht das, was ich möchte. Ich möchte einmal eine Familie haben, mit einem guten Mann und zwei Kindern, aber ohne Fernseher.

17. Dezember

Heute war ich nach der Schule in der Stadt und hab ein paar Geschenke eingekauft. So rechtzeitig war ich noch nie. Für Papa ein paar Wintersocken und einen Ohrenwärmer. Mein Bruder kriegt ein neues Spiel für seine Playsi zum Zocken. Mama kriegt einen Kasten Selters (Spaß ...).

18. Dezember

Endlich Wochenende. Warum kann es nicht öfters Wochenenden geben? Vielleicht so Mitte der Woche, das wäre doch was. Aber dann würde es Wochenmitte heißen und nicht Wochenende. Heute Abend treffe ich mich mit Susi. Wir wollen uns gegenseitig schminken. Immer noch nicht meine Tage.

19. Dezember

Lange gefrühstückt, dann mit Tim telefoniert. Ich hab ihm von meinem Horror vor Weihnachten erzählt. Dass Mama bestimmt wieder vor zehn Uhr sturzbesoffen ist. Dass mit Sicherheit wieder laut gestritten wird. Mitten im Gespräch höre ich im Hintergrund ein Tippen auf der Tastatur. Dann frag ich ihn: »Bist du im Internet?« Und er sagt: »Nein«, aber ich höre im selben Augenblick, dass sein Skype anspringt. Der Dreckskerl hatte mir gar nicht zugehört, stattdessen im Internet gesurft oder gechattet. Und das soll der Vater meiner Kinder werden? Never!

20. Dezember

Heute ist Sonntag, und die Kirchenglocken haben mich wieder geweckt. Mir war fast so, als würden sie mich rufen. Vielleicht sollte ich mal in die Kirche gehen und beten? Maria war ja schließlich auch schwanger, ohne verheiratet zu sein. Mal sehen, ob ich überhaupt reinkomme.

21. Dezember

In der Schule haben wir heute darüber gesprochen, was wir uns zu Weihnachten wünschen. Bei den Jungs standen ein neues Handy und Computer ganz vorne. Die Mädchen wünschten sich Kleidung und Schuhe. Nachdem jeder seine Wünsche gesagt hatte, meinte der Lehrer, ob man sich zu Weihnachten auch Dinge wünschen kann, die nicht materiell sind. Mark rief dann: »Weltfrieden?«, und alle haben gelacht. Dabei finde ich, das ist gar kein so schlechter Wunsch. Wobei mir Familienfrieden schon reichen würde.

22. Dezember

Ich war heute auf dem Weg nach Hause in der Kirche. Die Tür stand offen, und ich bin einfach reingegangen und hab mich auf eine Bank gesetzt. Es war sehr friedlich. Die Sonne schien durch die bunten Fenster und machte ein schönes Licht. Irgendwie hab ich dann die Augen geschlossen und mit Gott geredet. Hab ihm gesagt, dass wir uns ja eigentlich nicht kennen, aber das kann sich ja noch ändern. Und wenn es ihn gibt und er mich jetzt hört, hätte ich da eine Bitte an ihn. Ich würde nämlich gerne NICHT schwanger sein. Wenn er das irgendwie hinkriegt, will ich ihn ab sofort öfters in der Kirche besuchen.

23. Dezember

Heute Morgen bin ich mit einem guten Gefühl aufgewacht. Der Besuch in der Kirche gestern war, glaub ich, das Beste, was ich in diesem Jahr gemacht habe. Auf dem Weg zur Schule hab ich noch mal über mein ganzes Leben nachgedacht. Ich werde heute Abend Tim eine Mail schreiben und mit ihm Schluss machen. Es gibt bestimmt bessere Arten, eine Beziehung zu beenden, aber er hat es nicht besser verdient. Im nächsten Jahr will ich mich in der Schule noch mal richtig anstrengen. Und dann ist mir Attila in der ersten großen Pause zweimal begegnet und hat mich dabei umwerfend angelächelt. Dann hab ich gedacht: Wenn ich ihn noch mal treffe und er mich wieder so anlacht, dann spreche ich ihn einfach an. Kaum war ich zur Schule draußen, stand er wieder vor mir. Wir haben uns eine halbe Stunde unterhalten. Am Ende wollte er meine Handynummer haben! Ich glaub, ich bin voll verliebt!

24. Dezember

Heute ist Weihnachten! Und das beste Geschenk hat mir der liebe Gott gemacht. Ich hab meine Tage bekommen. Unser Fest war auch nicht so schlecht. Mami hat eine Gans gebraten, und wir waren sogar als Familie im Gottesdienst. Hab ein paar schöne Geschenke bekommen, unter anderem ein neues Handy. Ich hab mir einiges fürs nächste Jahr vorgenommen. Vor allem will ich versuchen, mehr mit Gott zu reden. Die größte Überraschung war aber eine SMS. »Hey, Hübsche! Ich wünsch Dir schöne Weihnachten!« Sie kam von Attila.

MARTIN DREYER

8 Heimat für Heimatlose
Meine Weihnachts(überlebens)geschichte

Da lag ich nun. Als zweijähriger Erdenbürger. In einem Landeskrankenhaus. Festgebunden an den Gittern meines Bettchens. Meine Eltern hatten sich getrennt. Die mich gebar, wollte ihrem flüchtigen Mann eine Last mitgeben. Mich! Der Zukünftigen meines Vaters, die auch eine Last mit in die Ehe brachte, war ich schließlich zu lästig. Deshalb lag ich hier. Es war kein Platz – kein Raum für mich!

Bei den Großeltern

Der Großvater war es, der mich schließlich besuchen kam. Das Pflegepersonal erzählte ihm, dass ich süßes Würmchen kaum Besuch bekam, obwohl ich doch schon ein paar Wochen auf der Station war. Das machte meinen Opa so wütend, dass er mich losbinden ließ und mich mit zur Oma zu sich nach Hause nahm. Nun gab es Raum für mich. Ich durfte sein!! Das war für meine kleine Kinderseele wie Weihnachten.

Ja, und Weihnachten fuhren die Großeltern dann immer das gesamte Programm auf. Heiligabendmenü, bestehend aus Kartoffelsalat und Würstchen. Danach dann endlich die Bescherung! Aus gesicherter »Herbergssituation« durfte ich miterleben, wie Opa das Hauptgeschenk zunächst versteckte, bis der kleine, enttäuschte Enkel das Gewünschte glücklich an sich nehmen konnte. Und beim Opa gab es Tränen, die ich verwundert zur Kenntnis nahm. Wenn ich da so mit meinen neuen Spielsachen auf dem Boden »herumausprobierte«, saß er auf seinem Sessel am Fenster und hatte Tränen in den Augen. Ich fand nie heraus, warum.

In dieser Großelternära fand ich auch eine Gelegenheitsherberge bei meiner Tante. Sie und ihr Mann, beides bekennende Christen, waren sozusagen für das geistliche Niveau der Familie verantwortlich, auch wenn es keinen interessierte. In den Kindergottesdiensten ihrer Kirchengemeinde, in die ich von ihnen mitgenommen wurde, fand ich schnell heraus, dass dieser christliche Jesus mir nahestand. Der hatte ja auch »keinen Raum in der Herberge«! Bis zu seinem entsetzlichen Ende wollte ihn kaum einer haben. Der war einer wie ich. Ich ging nun gerne in die Kirche. Aufgrund meiner schauspielerischen Minderbegabung habe ich es aber fortan bei einem Krippenspiel nie weiter als bis zu einem Hirten gebracht.

Dann verstarb mein Großvater. Ich war inzwischen in die Pubertät gekommen. Fühlte mich wieder heimatlos. Innerlich diesmal. Mit der Oma kam ich nicht klar, und die Kirche war für meine anstehenden Herausforderungen nicht mehr kompetent. Schließlich ließ Oma mich die Koffer packen, und ich stand einige Zeit später vor der Tür meines verdutzten Vaters.

Die Weihnachtsente

Nun war ich endlich bei meinem leiblichen Vater. Alles wird gut, so dachte ich und wähnte mich »zu Hause«. Home, sweet home! Aber Fehleinschätzung, enttäuschte Erwartung! Ich musste mich seelisch verbiegen und arrangieren, damit ich nur irgendwie klarkam und nicht vollends in die Heimatlosigkeit absackte. Durch einen – wohl von Gott inszenierten ?!? – Zufall traf ich einen alten Freund aus der früheren Kinderkirche wieder. Er lud mich zur Jugendkirche ein. Ich folgte der Einladung zwar erst Monate später, aber ich ging hin. Und ich wusste von dem Moment an, als ich den Raum betrat, hier gehöre ich hin, hier bin ich zu Hause!

Mein Vater war wild entschlossen, mich von dieser Kirche fernzuhalten. Am Heiligen Abend desselben Jahres kam ich von meiner Arbeit in einem Lebensmittelgeschäft nach Hause. Eine Weihnachtsente im Gepäck, die ich geschenkt bekommen hatte. Als ich mein Vorhaben mitteilte, zum Gottesdienst gehen zu wollen, kam die deutliche Ansage, dass ich dann auch das Weihnachtsfest woanders verbringen könnte. Ich ging trotzdem. Die Ente blieb in dem Zuhause, das mir keine Herberge sein wollte.

Meine Entschlossenheit in dieser Situation führte dann auch dazu, dass ich für mein neues Zuhause – die Kirche – in den sogenannten vollzeitlichen Dienst gehen wollte. Pastor werden. Und so studierte ich Theologie auf einer Bibelschule, einem freikirchlich-evangelischen theologischen Studienseminar.

Meine Weihnachtsdienste

Nach vierjährigem Studium und anschließendem Vikariat war ich nun Pastor und wurde ordiniert. Hatte einen »Full-Time-Job« in der Kirche, meinem Zuhause. Das grundlegende Ziel meiner pastoralen Tätigkeit war es, Menschen eine Herberge zu bieten. Gäste meiner Gottesdienste sollten das Gefühl vermittelt bekommen: »Hier bin ich Mensch, hier kann ich sein«!

Die Weihnachtsgottesdienste hatten darin eine besondere Priorität. Ich bekam den Hang zur Perfektion, wenn es nur darum ging, eine dichte Weihnachtsatmosphäre zu schaffen. Die Gäste sollten ganzheitlich wahrnehmen: Hier ist Raum in der Herberge! Wir hatten über die Jahre perfekte Inszenierungen und kreative Shows bewerkstelligt. Beim Feedback gab es Schulterklopfen. Ob aber unser Anliegen zum Tragen kam und Menschen etwas Heimeliges mit in ihren Alltag retten konnten, vermag ich nicht zu sagen. Ich denke schon. Sagen kann ich aber, dass sich im Laufe der Jahre eine »Heiligabendgottesdienstgestaltungsphobie« für mich entwickelt hatte. Schon nach den Sommerferien, wenn ich erste Weihnachtsgänse auf den Dezember zu watschelten sah, drückte die Frage auf den Magen: Was machen wir Weihnachten? Nach über 30 Jahren Weihnachtsdienst setzte sich der heimliche Wunsch durch, nach meiner Pensionierung zukünftigen Weihnachtsfeiern und Gottesdiensten konsequent aus dem Weg zu gehen. Irgendwie war ich in der kirchlichen Heimat herbergslos geworden.

Weihnachtschaos

Das fand seinen Gipfel, als ich, durch persönliche Entwicklungen und sich überschlagende Ereignisse, meinen Pastorendienst nach 30 Jahren quittierte. Noch einige Jahre vor dem Pensionsalter. Aus! Vorbei! Und nun? Herbergsloser Herbergsvater? Alte Heimatlosengefühle griffen wieder nach mir. Aber wiederum, wie schon in meiner Jugendzeit, ereignete sich ein – von Gott gegebener?!? – Zufall! Durch einen Bekannten bekam ich eine Arbeit in einem nahe gelegenen Internat. Als Pädagogischer Mitarbeiter.

Es weihnachtet

Mit großer Dankbarkeit, aber noch größerer Unsicherheit, nahm ich meinen neuen Job auf. Und schnell begriff ich, dass hier, an diesem Ort, sich für mich ein beruflicher Kreis zu schließen begann. Kinder und Jugendliche, die aus den verschiedensten Gründen nicht zu Hause, sondern bei uns im Internat waren, suchten verlässliche, emotionale Nähe. Und die konnte ich geben. Auch gab es Kinder und Jugendliche, die kein Zuhause hatten, selbst wenn sie nach Hause fuhren. Die merkten dann sehr schnell, dass ich wusste, wovon sie reden, wenn sie frustriert von ihren bisherigen Biografien berichteten. Und als Pastor a.D. wurde ich dann auch zwangsläufig der Ansprechpartner fürs Spirituelle.

Vor meiner ersten Weihnachtsfeier im Internat ereignete sich eine recht laute und aggressive Auseinandersetzung zwischen zwei Jugendlichen. Ich hatte große Mühe, sie von körperlichen Gewaltanwendungen abzuhalten. Dann sind wir auf das Zimmer des einen Jungen gegangen, um in Ruhe miteinander zu reden.

Sein aus dem Iran stammender Kumpel kam auch mit. Ich fragte nach seiner Geschichte, und er erzählte, wie er im Laufe seines bisherigen Lebens immer zwischen seinem Vater und seiner Mutter hin- und hergestoßen worden war. Keiner wollte ihn haben. Er wäre so gerne bei seiner Mutter geblieben. Heimatlos! Er weinte! Daraufhin begann der iranische Jugendliche von seiner Vergangenheit zu berichten. Dass nämlich, nach seiner Geburt im Iran, seine Mutter aus einem Fenster im dritten Stock geworfen wurde. Sie überlebte und wurde vom Onkel nach Deutschland gebracht. Er musste bei seinem Vater im Iran bleiben. Als Achtjähriger ist er dann auch nach Deutschland gekommen, hat seine Mutter zum ersten Mal gesehen und durfte bei ihr bleiben. Nun aber hatte er in den letzten Jahren seiner »Mom« so viele Schwierigkeiten gemacht, dass sie keinen anderen Weg mehr sah, als ihn aufs Internat zu geben. Das tat ihm jetzt so leid. Tränen flossen. Bei ihm, aber auch bei mir! So haben wir uns in die Arme geschlossen und gemeinsam geheult. Es war in seiner existenziellen Echtheit ein weihnachtlicher Moment. Als ich dann am folgenden Tag seiner Mutter begegnete, fragte sie mich, was ich denn mit ihrem Jungen gemacht hätte. Er habe bei ihr angerufen, sie um Verzeihung gebeten und ihr gesagt, dass er sie ganz doll liebe!!! Das war für mich Weihnachten pur!! Herbergserlebnis!

Für die Weihnachtsfeier des darauffolgenden Jahres sollte wieder ein Chorprogramm zusammengestellt werden, für das ich verantwortlich war. Die Jugendlichen waren zwar schnell zu begeistern, aber die Länge der Übungslast machte ihnen doch zu schaffen. Einer meiner Solisten hatte dann jedoch in der Weihnachtswoche nichts Besseres zu tun, als sich in einer Schulpause mit Drogen zu befüllen. Da das ein absolutes »No-Go« ist, wurde er sofort von der Schule suspendiert. Gegen diese Aktion stemmt sich aber sein für ihn zuständiges Jugendamt, dessen Mitarbeiter ihn in seinem alten sozialen Umfeld untergehen sahen. Also sollte er nun bleiben, bis wir eine Arbeit für ihn gefunden hätten. Ohne Schulabschluss. Neben dem gemeinsamen Chorüben nahm ich mir dann die Zeit, mit ihm zu reden. Er erzählte von seiner kriminellen Vergangenheit, von seiner familiären Zerrüttung und seiner inneren Heimatlosigkeit. Es tat ihm inzwischen schrecklich leid, dass er sich durch den Drogenkonsum seine eigene hoffnungsvolle Zukunft endgültig verbaut hatte. Wir redeten dann auch noch über Gott und dass er sich in Zukunft für das Gute entscheiden wolle. Am nächsten Tag war unsere Weihnachtsfeier. Er sang warm und weich sein Solo zum Chorlied. Die Zuhörer forderten nach dem Chorprogramm die Zugabe dieses Liedes, und mein Solist sang ruhig und authentisch seine Strophe. Zwei Tage später kam er freudestrahlend auf mich zu und erzählte, dass er nach den Ferien wieder auf die Internatsschule darf. Er hatte sich in das Herz der Verantwortlichen gesungen. Wir lagen uns in den Armen und weinten! Und wieder war es für mich mein Weihnachten! Herbergserlebnis!!

Ich habe jetzt das Gefühl, dass ich angekommen bin. Zu Hause angekommen. In mir angekommen! Ich in IHM und ER in mir!

Home, sweet home! Weihnachten!

WERNER KLEIN

9 Im Auftrag seiner Majestät – mit der Lizenz zum Helfen

Der Commander sitzt an seinem Zentralcomputer und rauft sich die Haare. Fast ist er versucht, zu denken: Heute ist ja mal wieder der Teufel los! Aber er beherrscht sich. So ein Gedanke ist hier oben völlig deplatziert. Stattdessen recherchiert er fieberhaft, wer für den aktuellen Noteinsatz noch zur Verfügung steht. Im Moment sind alle Schutzengel unterwegs. Das darf doch nicht wahr sein! Es ist noch nie passiert, dass ein angeforderter Einsatz nicht geflogen werden konnte.

Aber noch mal Glück gehabt: Gerade ploppt die Nachricht hoch, dass Engel 183007 erfolgreich von einer Mission zurückgekehrt ist. »Oh nein! Nicht ausgerechnet Eins-acht-drei-null-null-Sieben!«, stöhnt der Commander. Mit dem geht eine Einsatzbesprechung nie glatt über die Bühne. Der hat immer tausend Ideen, wie man eine Rettung mit spektakulären Spezialeffekten »groß« machen könnte. Angeblich geht es 183007 dabei um die Ehre Gottes. Der Commander weiß aber um das Lieblingshobby dieses Schutzengels. In seiner Freizeit konsumiert der am laufenden Band Agentenfilme, die er von der Erde mitbringt. Leider gibt es kein Gesetz, dass diese verderbliche Angewohnheit verbietet. Ein solches hat der Commander dem Chef schon häufig vorgeschlagen. Der pflegt dann milde zu lächeln und sagt immer dasselbe: »Auch dienstbare Geister haben ein Recht auf Entspannung und harmlose Vergnügen.«

Harmlose Vergnügen – ha! Es ist einfach nur nervig, wenn 183007 in seinen Pausen durch den Himmel gockelt und verkündet: »Mein Name ist Bond – James Bond.« Aber was nützt alles Grämen! Jetzt muss einer da runter! Der Commander checkt noch mal hoffnungsvoll seinen Computer. Leider ist

183007 immer noch der Einzige, der für diesen dringlichen Einsatz in Frage kommt. Seufzend greift er zum Mikro: »Eins-acht-drei-null-null-Sieben! Bitte sofort in die Einsatzzentrale! Eins-acht-drei-null-null-Sieben! Es geht um Rettung aus dem Meer! Sofort in die Einsatzzentrale!«

Nur ein Bruchteil einer Sekunde ist vergangen, da ertönt eine zackige Stimme: »Agent 007 ist einsatzbereit, Commander!« Fix ist er ja, dieser Engel, das muss man ihm lassen. Aber der Anblick von »007« schockt den Commander zutiefst. Der Kerl ist in menschlicher Gestalt erschienen, allerdings toppt er die gewohnte Größe dieser Geschöpfe ungefähr um das Doppelte. Und der Anblick einer 3,60 m hohen Figur mit langen blonden Locken in einem bodenlangen, glitzernd weißen Gewand kann selbst einem Commander mit der Erfahrung von anstrengenden Jahrtausenden die Sprache verschlagen. Mal ganz zu schweigen von dem absurden, riesigen Doppelflügelpaar, das irgendwo aus den Schultern dieser Gestalt rauszuwachsen scheint.

»Ich dachte, ich ziehe bei diesem Einsatz mal alle Register des Übernatürlichen«, plappert 007 fröhlich drauflos. »Ich kann mir ja schon denken, worum es geht. Komme gerade von einer erfolgreich abgeschlossenen Operation auf einer kleinen Insel im Mittelmeer. Verhinderung des Verlustes menschlichen Lebens bei einem Motorradunfall. Ich weiß, dass in der Nähe dieses havarierte Kreuzfahrtschiff auf der Seite liegt. Hunderte Pressefritzen sind vor Ort. Was für ein Zeugnis für die Existenz und Größe Gottes, wenn ich meine Klienten sichtbar für alle in diesem Aufzug da raushole! Ich stelle mir das so vor: Unter der imposanten Fanfare einiger Kollegen sause ich wie ein Kugelblitz vom Himmel, tauche inmitten eines Lichtfeuerwerks ins Meer und schieße mit den Geretteten in meinen starken Armen unter mächtigem Flügelrauschen wieder an die Oberfläche. Dann setze ich sie dort ab, wo die meisten Kameras positioniert sind, schnippe mit den Fingern und löse mich in Luft auf. Danach werden alle Kirchen auf der Welt aus den Nähten platzen. Vielleicht kann ich den Effekt noch steigern, wenn …«

»Stopp«, sagt der Commander mit verdächtig ruhiger Stimme. So klingt er nur, wenn er so richtig auf Zinne ist. 007 weiß das und hält den Mund. Der Commander zwingt sich, tief durchzuatmen. Ganz ruhig, sagt er sich. Nur nicht die Contenance verlieren. »183007 – wie lange arbeitest du jetzt schon als Schutzengel unter meinem Kommando?« 007 versucht, etwas an den Fingern abzuzählen, gibt dann aber auf.

»6000 Jahre bestimmt«, überlegt der.

»Ja, ich fürchte, das kommt hin«, erregt sich der Commander. »Und seit ewigen Zeiten immer die gleiche Leier von dir! Dieses Spektakel, das du dir heute ausgedacht hast, wolltest du schon vor Jahr und Tag in der Wüste abziehen. Da gab's noch keine Kameras – und es ging nur um einen einzigen Mann! Wie hast du dich gesträubt gegen die Zumutung, nur für einen Esel sichtbar zu sein. Und dann? War es nicht segensreich und gut, dass Bileam dich erst spät und auch nur kurz gesichtet hat?«

Wider Willen muss 007 das bestätigen.

»Und«, spricht der Commander weiter, »hat die Verbreitung des Glaubens an den Sohn Gottes Schaden genommen, weil die Operation ›Petrus aus dem Gefängnis‹ nicht in deinem Sinn gelaufen ist?«

»Wie genau war das damals noch, Commander? Ich meine, welcher Agent merkt sich schon Hunderte von topp gelaufenen Einsätzen …«

»Damals«, unterbricht ihn der Commander und bemüht sich, seine Beherrschung nicht endgültig zu verlieren, »damals hattest du auch schon die Idee von einem großen Spektakel. Lichtblitze, Donnerhall – und ein ganzes Heer von Engeln mit Schwertern sollte vor den Gefängnismauern landen, die Wärter niedermetzeln und Petrus in einer angestrahlten Sänfte ausfliegen …«

»Das wäre schon ein Kracher gewesen«, gestattet 007 sich zu träumen. »Aber gut«, fügt er hastig hinzu, »es wäre tatsächlich überflüssig gewesen.«

»Überflüssig – ein gutes Stichwort«, kommt es von der Ge-

genseite. »Deine Kracher-Ideen sind allesamt überflüssig! Wann wirst du das endlich kapieren? Der Chef legt keinen Wert darauf, Massen durch Zeichen und Wunder zu manipulieren. Er setzt auf das Konzept, Einzelne durch Überzeugung zu gewinnen.« Wenn er ehrlich ist, muss der Commander sich eingestehen, dass er diese Strategie auch nicht unbedingt vernünftig findet. Aber natürlich würde er sich hüten, 183007 das ahnen zu lassen! Dann würde er diese Nervensäge nie mehr von der Backe kriegen!

»Und deshalb«, fährt er entgegen seinen tiefsten Überzeugungen fort, »arbeiten Schutzengel meistens unerkannt und im Verborgenen. Der Chef will es so. Das bedeutet für dich: Weg mit dieser unsäglichen Verkleidung!«

Immerhin gehorcht 007 sofort und ist plötzlich wieder nur noch Geist. Die Weitergabe des detaillierten Einsatzbefehls bereitet dem Commander großes Vergnügen: »Da du dich so gerne verkleidest, hast du bestimmt Freude am Plan vom Chef«, grinst er. »Du hast recht mit dem vermuteten Einsatzort. Es geht um dieses Kreuzfahrtschiff. Da ist ein Rentnerehepaar in einer Luftblase auf Deck Fünf eingeschlossen. Du holst sie da raus. Als Rettungstaucher. So fällst du nicht auf und bist später unter den vielen menschlichen Rettern nicht auszumachen. Viel Erfolg – und jetzt: Abflug!«

Gerade als sich der Commander wieder seinem Computer zuwenden will, kommt der erwartete Einwand. »Commander, das ist nicht dein Ernst«, grollt 007. »Ich bin ein freier Geist! Ich bin das Schweben gewöhnt! Und nun soll ich mich in einen engen Gummianzug quetschen, eine hässliche Taucherbrille und groteske Schwimmflossen tragen, nur, um zwei Kreuzfahrttouristen zu retten?«

Wäre der Schutzengel nicht so in Fahrt, hätte er schleunigst die Klappe gehalten, als der Commander sich ruckartig zu ihm umdreht und ihn zornig anfunkelt. Dummerweise kriegt 007 das gar nicht mit. »Mal ehrlich«, fährt er unbeirrt fort, »warum müssen Menschen gerettet werden, die eine Kreuzfahrt gebucht

haben? Zum einen: Was bilden sich solche Leute überhaupt ein, dass sie angesichts des unberechenbaren Meeres eine Seereise einfach nur zum Spaß antreten? Zum anderen: Warum können die mit ihrem Geld nicht eine Reiseart wählen, die ökologisch weniger katastrophal ist? Die sind doch überfl…«

»Es reicht«, unterbricht ihn der Commander. Seine Stimme ist eiskalt und schneidend. »Über 2000 Jahre sind vergangen, und du verachtest immer noch Menschen, die der Chef wert achtet und liebt. Du hast schon einmal einen Einsatz mit dieser Haltung vermasselt! Hast du das vergessen? Dich schämen und dich bessern wollen ist dir wohl zu anstrengend, was?! Aber nicht mit mir, Bürschchen – los! Erinner dich!«

Und 007 erinnert sich!

Er hatte ja nicht gewusst, dass die große Zeitenwende damals unmittelbar bevorstand. Er hatte sich einfach nur wichtig gefühlt, als der Chef ihn auserwählte, um eine Weile unerkannt unter den Menschen zu leben. Für den Chef war er keine Nummer, er hatte ihn wertschätzend mit Namen angesprochen. »Manuel«, hatte er gesagt, »einige wenige meiner Engel sollen den Menschen in Zukunft wichtige Botschaften überbringen. Du könntest einer von ihnen sein. Dazu musst du die Menschen aber noch besser kennen- und schätzenlernen. Lebe eine Weile unter ihnen, und wir werden sehen, ob ich dich mit dieser Aufgabe betrauen kann.«

Stolz und glücklich hatte Manuel zu diesem Abenteuer »ja« gesagt. Er hatte gewusst, dass Rom damals das Zentrum der Macht war. Er war sich sicher, dass wichtige Botschaften Gottes nur für den Kaiser Augustus bestimmt sein könnten, und freute sich schon darauf, unter seiner Dienerschaft zu leben und diesen großen Herrscher kennenzulernen. Das Leben in dessen Palast könnte selbst für einen Engel ganz annehmbar sein, hatte er sich ausgemalt. Aber stattdessen hatte sich Manuel in Gestalt eines wandernden Tagelöhners in dem winzigen, völlig unbedeutenden Judäa wiedergefunden. Dieses Land war von den Römern besetzt. Nun ja – selbst dort gab es immerhin einen Palast und einen König. Vielleicht sollte er ja mit Herodes Kontakt aufnehmen. Aber Manuel war völlig entsetzt, als er begriff, dass er nicht in Jerusalem gelandet war, sondern in einem unbedeutendem Kaff mit Namen Bethlehem. Um genau zu sein: noch nicht mal in diesem Kaff, sondern auf irgendeinem namenlosen Feld in der näheren Umgebung. Seine Mission sollte tatsächlich sein, dort mit den Hirten eine Weile zusammen zu leben und zu arbeiten!

Der Engel hatte erst gedacht, es handle sich um einen Irrtum. Später hoffte er, das wäre eine Art Prüfung, um ihn auf irgendeine Weise auf die Begegnung mit Kaiser Augustus vorzubereiten. Oder wenigstens auf eine mit König Herodes. Denn warum sollte er ausgerechnet Hirten kennen- und schätzenlernen? Diese ungehobelten Menschen waren noch nicht mal unter ihresgleichen geschätzt! Die gutbürgerlichen Einwohner Bethlehems mochten es gar nicht, wenn Hirten zwischen ihren Schichten ins Dorf kamen. An vielen Gasthäusern hing ein Schild »Hirten unerwünscht!«. Der Engel Manuel konnte das den Gastwirten nicht verdenken. Hirten waren schmutzig und streitsüchtig. Tagaus, tagein trugen sie dieselben löchrigen Umhänge. In ihren rohgezimmerten Unterständen am Rande der Felder schliefen sie auf altem Stroh unter ranzigen, zerschlissenen Decken. Hirten stanken intensiv nach Dreck und nach Schaf. Sie hatten keine Manieren, waren rau und grob im Umgang miteinander.

Manuel hatte es gehasst, nachts mit ihnen frierend um das Lagerfeuer zu hocken. Dauernd gab es Streit. Manchmal wurde einer verprügelt, weil er ein größeres Stück Brot abbekommen hatte. Manchmal gab es eine Massenschlägerei, nur so zum Zeitvertreib. Oftmals tranken sie zu viel unverdünnten, billigen Wein. Dann grölten sie frivole Lieder oder erzählten gemeine Zoten. Nur einige wenige waren anständige Kerle, die gut für ihre Schafe sorgten. Aber auch mit denen konnte Manuel sich nicht anfreunden. Sie waren ihm zu einfach, und weil sie weder lesen noch schreiben konnten, schienen sie ihm einfältig und dumm. Irgendwann hatte der Engel die Nase gestrichen voll gehabt. Inbrünstig hatte er gebeten: »Hol mich hier raus!« Und flopp – einen Augenblick später war er wieder zu Hause gewesen.

Bei seiner Ankunft hatte er die Kollegen in heller Aufregung vorgefunden. Sie hatten gar keine Zeit, ihn zu fragen, warum er schon so früh wieder zurück war, oder ihm Vorwürfe zu machen, weil er die Mission vorzeitig abgebrochen hatte. »Gut, dass du wieder hier bist«, rief ihm 149336 stattdessen zu, »komm schnell her, wir haben nicht mehr viel Zeit zum Üben! Nur noch neunmal wird der Mond in den Augen der Menschen zu- und abnehmen. Dann ist es so weit! Dann brauchen wir jeden Geist! Der Junior vom Chef geht auf die Erde!«

Es dauerte eine Weile, ehe Manuel verstand, was eigentlich los war. Dann begriff er: Der Countdown zur Zeitenwende läuft! Das geheimnisvollste Wunder aller Zeiten steht unmittelbar bevor! Der Sohn vom Chef soll als Mensch auf der Erde geboren werden!

Für den Geburtstag war ein richtig großes Spektakel geplant. Ganz offensichtlich hatte der Chef endlich mal auf Manuel gehört. Die gesamte Menge der himmlischen Heerscharen würde einigen Menschen erscheinen. Nicht nur unübersehbar, sondern auch unüberhörbar. Für diesen gewaltigen Chorgesang wurde gerade fleißig geübt. Der Engel war begeistert. Nun würde er doch noch Rom zu sehen bekommen! »Rom? Wie kommst du denn darauf, 183007?«, sprach ihn plötzlich der Erzengel Gabriel an. Verflixt! 007 vergaß immer wieder, dass Erzengel Gedanken lesen können. Aber egal. Er hatte ja nichts Verbotenes gedacht.

»Na ja«, antwortete er, »dieser Riesenaufwand muss sich doch lohnen! Von Rom aus wird sich die Kunde des Wunders rasend schnell in die ganze übrige Welt verbreiten …«

»Du nun wieder mit deinen Werbestrategien«, schmunzelte Gabriel. »Wann wirst du begreifen, dass der Chef ganz anders denkt als du? Diesen ›Riesenaufwand‹, wie du das nennst, betreiben wir nur für eine kleine Gruppe von Hirten auf den Feldern von Bethlehem.«

007 war wie vom Donner gerührt. Das durfte ja wohl nicht wahr sein! Der gewaltigste und wunderbarste Chorgesang aller Zeiten nur für diese erbärmlichen, verachtenswerten Gestalten in Judäa? Was dachte der Chef sich bloß dabei?

»Hast du denn nie zugehört, wenn der Chef seine Pläne dargelegt hat?«, wunderte Gabriel sich, »der Sohn wird doch in Bethlehem zur Welt kommen. Und die Hirten werden seine ersten Anbeter sein.«

»Das darf nicht wahr sein!« 007 war völlig entsetzt. »Hast du mal gesehen, was für mickrige Gasthäuser die da haben? Das kann man einer Königin doch nicht zumuten, da ein Kind zu gebären!« Gabriel hatte dann erklärt, dass die Mutter Jesu keine Königin wäre, sondern ein armes, junges Mädchen. Außerdem hatte er noch gemeint, dass der Zustand der Gasthäuser keine Rolle spiele, weil die Geburt in einem Stall geplant sei. Das gab 007 endgültig den Rest. Er dachte: Der Chef ist von allen guten Geistern verlassen.

»Stopp«, sagte Gabriel bedächtig, »versündige dich nicht. Ich bin übrigens gerade dabei, mich nach Nazareth in Galiläa aufzumachen, um Maria zu verkünden, dass der Sohn Gottes in ihr heranwächst. Eigentlich solltest du ja diesen wichtigen Dienst übernehmen, aber nachdem du deinen Aufenthalt vorzeitig abgebrochen hast, darf ich das jetzt machen!«

»Das macht mir gar nix. Ich wollte sowieso nicht mehr in dieses mickrige Land Israel zurück«, gab sich 007 betont trotzig, »schon gar nicht zu einem völlig unbedeutenden Mädchen! Ich will mit diesem ganzen Irrsinn nix zu tun haben.«

007 vernimmt ein lautes Räuspern, gefolgt von einem ungeduldigen Fingertrommelwirbel auf einer Tischplatte. Seine Erinnerung verblasst, und er ist wieder allein mit dem Commander in der Einsatzzentrale.

»Nun?«, fragt der.

»Der Chef hat mich nie wieder gefragt, ob ich seine Botschaften verkündigen möchte«, sagt 007 traurig. »Stattdessen bin ich beim Schutzengelnotdienst gelandet. Niemand kennt meinen Namen, während Gabriel überall als Bote Gottes bekannt ist. Der Chef hat ihn in seiner Heiligen Schrift ausdrücklich erwähnt. Hätte ich doch nur länger durchgehalten auf der Erde …!«

»Du sollst dich nicht erinnern, um im Selbstmitleid zu baden«, zürnt der Commander. »Ich weiß«, antwortet der Engel zerknirscht. »Ich soll sehen, was ich falsch gemacht habe. Aber es ist so schwer, eigene Fehler einzugestehen.«

»Jeder, der sieht, was aus diesem bescheidenen Anfang, den du so verachtet hast, geworden ist …«

»… der weiß, dass ich ein Trottel war«, vollendet 007 die Rüge des Commanders einsichtig.

Der lächelt 183007 zum ersten Mal seit Jahrhunderten an.

»Jetzt hast du's – Manuel.«

Manuel? Sein Gegenüber schaute ihn ungläubig an.

»Tja – auch ich habe verstanden, dass der Chef in den armseligsten Nervensägen große Möglichkeiten sieht«, sagt der Commander. »Deine Kreuzfahrttouristen haben übrigens noch Luft für zehn Minuten. Hol sie da raus!«

007 nickte und machte sich bereit. Und weil selbst Engel nicht immer alle Erkenntnisse auf einmal umsetzen können, sagt er beim Abflug strahlend: »Und wenn sie mich nach der Rettung um meinen Namen bitten, dann sage ich: Mein Name ist Bond – Manuel Bond.«

ANNEKATRIN WARNKE

10 Schöne Bescherung! Warum wir Weihnachten feiern

Kennen Sie das auch? Mein Vater hat immer darauf Wert gelegt, dass der Tannenbaum an Weihnachten so geschmückt war, wie er es von zu Hause kannte. In meiner Wahrnehmung als Kind war Weihnachten ein uraltes Fest, eine ewige Tradition. Aber so, wie wir es heute feiern, ist das Fest gerade mal gut 100 Jahre alt, älter nicht. Aber die Wurzeln und Vorläufer reichen natürlich viel weiter, bis tief in die vorchristliche Zeit. Ich will ein bisschen erzählen, wie es entstanden ist.

Die ersten Christen haben überhaupt kein Weihnachten gefeiert. Das älteste »Christfest« ist das Epiphaniasfest, ein Fest, das den Katholiken besser bekannt ist als den Evangelischen. Es wird seit Ende des 2. Jahrhunderts nach Christi Geburt gefeiert. Ursprünglich hat man dabei vor allem an die Taufe Jesu gedacht, weniger an seine Geburt. Warum? Ganz einfach: Damals war es überhaupt nicht üblich, Geburtstage zu feiern. Und wie kam man auf den 6. Januar? Nun, das hatte sozusagen politische Gründe. Es gab nämlich an diesem Tag ein wichtiges heidnisches Fest, das man durch das christliche Fest ersetzen wollte.

Erst Anfang des 4. Jahrhunderts begann man, einmal im Jahr mit einer Mitternachtsmesse die Geburt Jesu zu feiern. Allerdings war das Datum nicht klar, denn der tatsächliche Geburtstag Jesu ist ja nicht bekannt. Da verfügte Kaiser Konstantin im Jahr 336, dass die Geburt Jesu am 25. Dezember zu feiern wäre. Auch das hatte handfeste politische Gründe. Denn damals wurde die Wintersonnenwende als großes Fest der Wiedergeburt des Sonnengottes begangen, und Konstantin wollte dieses heidnische Fest abschaffen, aber einen gleichwertigen Ersatz anbieten. Man feierte nun Jesus als das Licht der Welt und als die Sonne der Gerechtigkeit.

Über ein Jahrtausend lang hat man so das Weihnachtsfest am 25. Dezember begangen. Es war ein stiller Festtag, ohne Geschenke. Man ging in die Kirche, oft um Mitternacht (in der sogenannten Christmette), ein Stern wurde angezündet, heilige Texte verlesen, das war's. Das Feiern zu Hause im Kreis der Familie kam erst viel später dazu.

Auch den Advent feiert man schon seit dem 5. Jahrhundert. Also eine ganz alte Tradition. Aber statt sich mit Süßigkeiten vollzustopfen, fastete man früher an drei Tagen in der Woche, um sich angemessen auf das Weihnachtsfest vorzubereiten. Weihnachten war eindeutig ein Fest der Besinnung, der inneren Einkehr.

Geschenke gab es früher nicht an Weihnachten, sondern am Nikolaustag. Und auch die nur für die Kinder. Der heilige Nikolaus von Myra war ein Zeitgenosse Kaiser Konstantins, ein für seine Wohltätigkeit berühmter Bischof. Er beschenkte die Armen, und das sollten die Gaben symbolisieren. Das Nikolausfest entstand allerdings erst 500 Jahre später, im 9. Jahrhundert.

Damit war die Weihnachtstradition ziemlich stabil bis etwa um 1500, also dem Ende des Mittelalters. Die einschneidenden Umwälzungen der Reformationszeit hinterließen auch ihre Spuren beim Weihnachtsfest: Martin Luther selbst wollte dem Heiligenkult ein Ende bereiten und schlug vor, die Geschenke nicht mehr vom heiligen Nikolaus, sondern vom »Heiligen Christ« bringen zu lassen, und zwar an Heiligabend. Die Datumsverschiebung hat sich nach und nach durchgesetzt, das Christkind ist allerdings wieder weitgehend vom Weihnachtsmann verdrängt worden. Den Weihnachtsmann kann man sich vorstellen als eine Verschmelzung von Nikolaus und Knecht Ruprecht, also als eine Figur, die Güte und Strenge in einer Person vereint, symbolisiert durch Geschenkesack und Zuchtrute. Übrigens: Dass wir uns unter dem Weihnachtsmann heute fast alle den gleichen weißbärtigen, rot-weiß gekleideten Dicken vorstellen, haben wir der Firma Coca-Cola zu verdanken, die in einer dreißig Jahre währenden Werbekampagne Mitte des 20. Jahrhunderts den Weihnachtsmann in ihren Firmenfarben populär gemacht hat.

Kommen wir zurück ins 17. Jahrhundert. Damals kam der Nürnberger Christkindlmarkt auf, und schon 100 Jahre später gab es Beschwerden über den fürchterlichen Rummel auf den Weihnachtsmärkten.

Das Fest wurde mehr und mehr im Kreis der Familie gefeiert, es wurde immer bürgerlicher, Geschenke wurden immer wichtiger, und es wurde immer mehr dekoriert. So war das auch mit dem Weihnachtsbaum. Erste Belege dafür gibt es aus der Zeit der Reformation, aber der Weihnachtsbaum blieb zunächst den Wohlhabenden und öffentlichen Plätzen vorbehalten. Erst im 19. Jahrhundert hielt er Einzug in die deutschen Wohnstuben – übrigens anfangs gegen den erbitterten Widerstand der Kirche, die diesen Brauch als heidnisch ablehnte. Aber die Kinder lieben nun mal den Baum, und so verbreitete er sich von Deutschland aus in die ganze Welt.

Den ersten Adventskranz der Welt hat Johann Hinrich Wichern 1839 in Hamburg aufgehängt, in einem Heim für Straßenkinder und gefährdete Jugendliche.

Warum erzähle ich das alles?

Erstens: Das Weihnachtsfest unterliegt einem beständigen Wandel. Es kommen neue Bedeutungen hinzu, andere verblassen.

Zweitens: Wenn man die Geschichte dieses Festes nachvollzieht, stellt sich heraus, daß unser Weihnachten, so, wie wir es heute feiern, ein hochgradig verdichtetes Fest ist. Es kommt alles zusammen: Wintersonnenwende, Jahreswechsel, Geburtstag Jesu, Geschenkefest, Familienfest und leider mehr und mehr eine Veranstaltung zur Rettung des Einzelhandels.

Das ist eigentlich gar nicht alles unter einen Hut zu kriegen, oder es wird zum Krampf. Die Ansprüche an Weihnachten sind oft so hoch gehängt, dass wir das Gefühl haben, etwas zu verpassen. Und das bringt Stress. Stress ist ja nicht das, was man tut, sondern das, wozu man nicht kommt. Das Fest kann besinnlich sein, es kann ein Familienfest sein, es kann ein Geschenkefest sein, es kann ein religiöses Fest sein; aber doch nicht alles gleichzeitig. Wenn wir uns also nicht in Stress bringen wollen, dann sollten wir das Fest ein wenig entzerren, in kleinere Einheiten auflösen. Dann kann Weihnachten alles sein und trotzdem nicht zu viel. Wie meine ich das?

Das Geschenkefest z. B. können wir ja ohne große Not in den November vorverlegen und vor dem ganzen Rummel einen guten Teil der Einkäufe erledigen. Oder wir nehmen uns ein paar Tage Urlaub und genießen den Weihnachtsrummel – mir persönlich liegt das näher. Und vielleicht dürfen es ja auch ein paar Geschenke weniger sein. Lieber die Zeit in einen Besuch oder ein Telefonat stecken. Und der Besuch der Großfamilie lässt sich in vielen Fällen auch ein paar Tage nach hinten verlegen, wenn sich der erste Staub über den Heiligen Abend gelegt hat. Es muss auch nicht unbedingt immer die fette Weihnachtsgans sein, ein Kuchen und ein paar Stückchen Süßigkeiten tun's auch.

Die Wintersonnenwende findet bei mir am 21.12. statt – das wissen wir ja zum Glück genauer als die alten Römer. Ja, ich feiere das tatsächlich ein bisschen, denn ich finde es ganz wunderbar zu wissen: Jetzt geht es wieder aufwärts. Und das Licht, die Kerzen, die scheinen bei mir von Anfang November bis Ende Januar. Ich muss nicht am Dreikönigstag schon wieder alles abräumen.

Bleibt noch die Besinnung – nun, die wenigsten sind in der glücklichen Lage, das Weihnachtsfest wirklich besinnlich zu verbringen; oft ist der Jahresausklang viel besser geeignet. Ich persönlich bin viele Jahre sehr gern am Heiligen Abend um 23 Uhr in die Christmette gegangen; und obwohl ich diesen Gottesdienst in meiner Heimatgemeinde oft selbst gestaltet habe, habe ich ihn immer als einen wunderbaren Freiraum erlebt, um mich in aller Ruhe auf die Weihnachtsbotschaft zu konzentrieren.

Und damit sind wir beim Kern des Festes, beim Religiösen. Theologisch gesprochen feiern wir an Weihnachten, dass Gott Mensch geworden ist. Aber das klingt für die meisten ziemlich abstrakt. Was bedeutet das denn eigentlich? Ich möchte es hier einmal ganz subjektiv so zusammenfassen: Jesus hat uns gezeigt, was den Wert eines Menschen wirklich ausmacht: nämlich seine Fähigkeit, Liebe zu empfangen und Liebe zu geben. Es kommt nicht auf den Reichtum an, nicht auf die Lebensleistung, nicht auf den sozialen Status, nicht auf äußere Erscheinung, nicht auf die Moral, noch nicht mal auf den guten Willen. Es kommt einzig und allein darauf an, ob wir bereit sind, Liebe in unser Leben hineinzulassen – und Jesus meint damit immer auch und vor allem die Liebe Gottes –, diese Liebe an uns heranzulassen und andere daran teilhaben zu lassen. Das hat in dieser Deutlichkeit niemand zuvor gesagt und vor allem auch nicht gelebt – und wir zehren heute noch davon, denn diese Botschaft hat in 2000 Jahren nichts von ihrer Brisanz verloren.

Gerade in einer Zeit, in der das soziale Klima rauer wird und sich wirtschaftlicher Druck lähmend auf unsere Seelen legt, tut es gut, sich immer wieder darauf zu besinnen, dass der eigentliche Wert des Menschen durch eine Krämerseele niemals erfasst werden kann. Das nur einmal im Jahr zu tun wäre schade. Für mich ist diese Botschaft das fünfte Lichtlein, das das ganze Jahr über scheint – sozusagen die Fortsetzung von Wicherns Adventskranz. Oder um es mit den wunderbar poetischen Worten von Paulus im ersten Brief an die Korinther auszudrücken: »Nun aber bleiben Glauben, Hoffnung, Liebe, diese drei; aber die Liebe ist die größte unter ihnen.«

Der Friede Gottes, der höher ist als alle Vernunft, bewahre Ihr Herz und Ihre Sinne in Jesus Christus. Seinetwegen feiern wir Weihnachten.

MARTIN SCHULTHEISS

11 *Das Geschenk*

Der das wahre Licht ist, kam in die Welt, um für alle Menschen das Licht zu bringen. Doch obwohl er unter ihnen lebte und die Welt durch ihn geschaffen wurde, erkannten ihn die Menschen nicht. Er kam in seine Welt, aber die Menschen nahmen ihn nicht auf. Die ihn aber aufnahmen und an ihn glaubten, denen gab er das Recht, Kinder Gottes zu werden. (JOHANNES 1, 9-12)

Meine drei Kinder haben kürzlich bei einer »Weihnachten im Schuhkarton«-Aktion mitgemacht. Dabei sollen sie für solche Kinder ein Paket zusammenstellen, die sonst eher nichts unter dem Baum liegen hätten. Eine richtig schöne Idee!

Lukas hat Geschenke für einen kleinen Jungen ausgesucht. Fünf richtig coole Matchboxautos (obwohl die eigentlich sein Budget sprengten), seine Lieblingssüßigkeiten und sogar eine Karte, die er extra geschrieben hat, hat er da reingepackt. Richtig stolz brachte er sein Präsent zu so einer Sammelstelle, wo effiziente Frauen checken, ob auch alles gut aussieht und es so verschickt werden kann. Die Damen waren gleich so effizient, dass sie noch vor den Augen meines Sohnes die coolen Geschenke ausgepackt und auf andere Kartons verteilt haben. Irgendetwas an der Verpackung gefiel nicht, und auf einmal lag Lukas Karton im Müll. Wir haben die Situation zum Glück noch einigermaßen überspielen können. Aber es tat meinem kleinen Sohn einfach nur weh. »Ich hatte mir doch so viel Mühe gegeben, und jetzt wollen die mein Geschenk nicht!«

Bei dieser verrückten Menschwerdung Gottes, die wir jedes Jahr mit viel Aufwand feiern, geht es ja auch um ein Geschenk.

Gott hat sich überlegt, was die Bewohner dieses Globus brauchen könnten, und zwar mehr als alles andere. Vielleicht hätte ein iPhone, ein neuer Toaster oder ein lustiger Schlips uns auch eine Freude gemacht! Aber Gott war wohl der Ansicht, dass es nichts Besseres gebe als seine Freundschaft. Also hat er sich selbst gegeben; seinen Sohn Jesus, den er in Windeln verpackt und dann mit viel Kreativität und Liebe zu uns geschickt hat. Zum Glück fehlen in der Geschichte die effizienten Damen. Wer weiß, wo das Baby sonst gelandet wäre.

Nachdem sein kleines Geschenk groß geworden war, zeigte es uns dann, wer Gott so ist: seine Prioritäten, sein Sehnen nach Freundschaft, nach sozialer Gerechtigkeit, nach Schönheit, seine Liebe, seine Kreativität, seine Barmherzigkeit … Natürlich kann man es mit einem Geschenk nie allen recht machen. Irgendeiner hat immer was auszusetzen: Dem einen passt die billige Verpackung nicht, der andere hätte eigentlich doch lieber das iPhone bekommen, oder einen dressierten Pudel, der ihm jeden Wunsch von den Augen abließt! O.k., Spaß beiseite! Tatsache ist in jedem Fall, dass das Geschenk Gottes bis heute von den meisten abgelehnt wird. Und wie gesagt, es tut weh, wenn ein aus Liebe gegebenes Geschenk unbeachtet auf dem Müll landet. Gott muss es das Herz brechen, wenn er sieht, wie manche mit seinem Geschenk umgehen.

Und deswegen stellt sich doch die Frage: Woran liegt es eigentlich, dass wir Jesus nicht wollen? Oder, wie Johannes es ausdrückte, warum nahmen »die Menschen (…) ihn nicht auf, als er in seine Welt kam (…)?«.

Hier zwei Ideen:

1. Gott ist in Jesus einfach zu real geworden!

Bis zum Erscheinen Jesu war Gott immer durch irgendjemand anderen da. Wenn er zu den Menschen redete, dann durch einen Propheten! Und wenn die Menschen andersrum mit ihm reden wollten, dann gingen sie zum Priester, der ihm ihre Opfer, ihre Fragen und ihre Gebete brachte. Im Grunde war der Glaube immer von Dritten abhängig!

Aber jetzt ist alles anders. Gott ist Mensch geworden, und das hat vieles verändert: Du kannst mit ihm reden! Du kannst ihm deine Wünsche, deine Ängste, deine Ideen bringen, und er hört dir zu! Und er spricht zu uns! Wenn du genau zuhörst, kann es wirklich passieren, dass du plötzlich eine leise Stimme vernimmst: »Ich bin auf deiner Seite. Ich weiß, was du brauchst! Vertraue mir!« Wir dürfen jetzt aus erster Hand wissen, dass Gott auf unserer Seite ist. Und wenn du eine Idee hast, wie man diese Welt besser machen könnte, dann musst du nicht auf ein Wunder warten, sondern darfst direkt selber aktiv werden!

Jesus hat das mal so gesagt: Ich nenne euch Freunde und nicht mehr Diener. Denn ein Diener weiß nicht, was sein Herr tut; ich aber habe euch alles mitgeteilt, was ich von meinem Vater gehört habe. (Johannes 15,15)

Ist doch eigentlich ein super Geschenk, oder? Warum wollen das so viele nicht haben? Vor einiger Zeit ging bei uns in Norddeutschland in einer alten Kirche die Glocke kaputt. Nach vielen Debatten wurde schweren Herzens entschieden, besagte Glocke aus finanziellen Gründen für immer verstummen zu lassen. Die Leute wüssten ja auch so, dass um zehn Uhr Gottesdienst sei, hieß es. »Und rate mal«, fragte mich der Pfarrer jener Kirche, »wem diese Entscheidung am meisten wehgetan hat? Es kamen ganz viele Beschwerden von Menschen, die fast nie im Gottesdienst bei uns waren.« Wir hatten auch eine Vermutung, warum: Solange die Glocken läuten, solange jeder weiß, dass er zu den Gottesdiensten eingeladen ist, solange haben die Menschen das Gefühl, dass alles gut wäre. »Ich muss gar nicht unbedingt selber glauben, ich kann sogar sagen, dass ich das alles nicht so ernst nehme – solange ich weiß, dass da Menschen sind, die für mich glauben, ist meine geistliche Welt in Ordnung.« Aber plötzlich schien es so, als hätte Elvis das Gebäude und Gott das Dorf verlassen.

Jetzt kann man sich natürlich ein bisschen lustig machen über die sporadischen Kirchgänger im Dorf! Aber diese Haltung ist weiter verbreitet als man denkt: Ich könnte ganz viele Geschichten erzählen von Menschen aus Gemeinden, die sich beschweren, dass nicht genug missioniert oder besucht oder aufgeräumt wird. Aber wenn du dann nachhakst, stellst du fest, dass sie selber gar keine Lust haben aufzuräumen, jemanden zu besuchen oder zu missionieren. Was sie wollen, ist lediglich die (trügerische) Sicherheit, in einer ordentlichen Gemeinde zu sein, wo solche Dinge eben noch passieren – aber bitte ohne, dass sie daran teilnehmen müssen.

Und genau das lässt Jesus nicht zu! Seit er Mensch geworden ist, begegnet uns ein Gott, der direkt mit uns zu tun haben will, nicht durch andere. Der in dein Leben sprechen möchte, deine Sorgen von dir hören möchte, dir persönlich sagen möchte, dass er dich liebt. Der dein Freund sein möchte, nicht der Freund von einem Freund von einem Freund. Kannst du verstehen, warum das einigen Menschen zu persönlich ist? Dir vielleicht auch?

2. Jesus klaut die falsche Sicherheit der Religion

»Das Wort wurde Fleisch!«
(JOHANNES 1, 14)

»Gott als Fleisch und Blut« – dieser Begriff war für die Juden damals sehr wichtig. Sie hatten von ihren Priestern die Geschichte von einem Himmel gehört, in dem alles gut ist, und von einer vergänglichen Erde, die durch und durch böse ist. Und Gott sitzt in dieser Version oben im Himmel und ist ein bisschen angeekelt von den Menschen dort unten.

Und hier ist die Botschaft, die im Johannesbrief so deutlich formuliert wird: Himmel und Erde sind verschmolzen. Gott ist Teil dieser Erde geworden. Das heißt, nichts von dem, was ich hier tue für andere Menschen, für diese Welt, nichts davon ist umsonst. Gott identifiziert sich mit mir, nimmt meine Versuche, Gutes zu tun, an und haucht ihnen Leben ein. Er macht aus jeder guten Tat etwas Ewiges!

Es gibt diese alte jüdische Redensart, dass unsere guten Taten von Gott als Saatgut für die Bäume im Garten Eden benutzt werden. Was wir hier tun, ist wichtig, auch für die Ewigkeit. Gott ist Fleisch und Blut geworden. Der Himmel ist auf die Erde gekracht! Und auf einmal hat alles, was wir tun, eine Bedeutung und verändert die Ewigkeit!

Ist doch eigentlich nicht schlecht, oder? Und wieder die Frage: Warum sollte jemand so ein Geschenk nicht wollen? Vielleicht hilft dieses Gleichnis beim Verstehen:

»Heute dürft ihr alle ein wunderschönes Bild malen!«, verkündete Franks Kindergartenlehrerin. »Das ist super!«, dachte der kleine Frank. »Ich kann nämlich voll gut malen. Besonders mag ich Tiger, Löwen, Boote, Züge und Feuerwehrautos. Das wird garantiert das beste Bild der Welt!« Aber die Lehrerin sagte: »Stopp, noch geht es nicht los. Ihr wisst ja noch gar nicht, was ihr malen sollt. Ich möchte, dass jeder von euch eine Blume zeichnet!«

»Schade!«, dachte Frank, »aber Blumen kann ich auch gut malen!« Also legte er los mit seinen Lieblings-Wachsmal-Stiften. Blaue, violette und knallig orangene Blumen bedeckten bald das Blatt. »Aber nein!«, sagte Frau Schmiedebach, als sie sein Werk begutachtete, »ihr müsst aufpassen, dass die Farben alle richtig sind!« Und sie malte eine »richtige« Blume an die Tafel. Rote Blüten, grüner Stiel, brauner Boden. Frank schaute sich Frau Schmiedebachs Blume an. Er mochte seine lieber, aber er wollte keinen Fehler machen, also drehte er sein Blatt um und malte eine »richtige« Blume.

Ein paar Tage später hatte die Kindergärtnerin Ton mitgebracht. »Heute werden wir lernen, wie man modelliert!« – »Das ist total super, das macht Spaß, aus Matsche etwas zu bauen! Ich kann das, ich mache Elefanten mit Rüsseln, Schlangen, und Mäuse kann ich auch voll gut!«

»Wartet bitte! Ich will euch erst einmal erklären, wie das Modellieren funktioniert!« Wieder Frau Schmiedebach. Diesmal musste Frank einen Ball formen. Den knetete er flach, und es entstand ein Aschenbecher oder so etwas Ähnliches. »Gut gemacht!«, lobte ihn die Lehrerin. Und der kleine Frank lernte zu warten, zuzuschauen und Dinge genau so zu machen, wie es seine Lehrerin vormachte.

Dann, eines Tages, zog seine Familie in eine neue Stadt, und Frank kam in eine neue, größere Schule. »Heute, liebe Kinder, werden wir zusammen malen!« – »Super!«, dachte Frank und wartete darauf, dass die Lehrerin im zeigen würden, was er denn genau malen sollte!

»Möchtest du denn nichts malen?«, fragte seine Lehrerin, die bemerkte, wie er zögerte. »Doch, gerne, ich kann gut malen. Aber was soll ich denn malen?«

»Was immer du möchtest!«

»O.k. Und welche Farben darf ich benutzen?«

»Am besten die Farben, die du am liebsten magst. Wie sollte ich denn sonst auch wissen, wer von euch welches Bild gemalt hat, wenn jeder die gleichen Farben und das gleiche Motiv benutzen würde?«

»Das weiß ich auch nicht!«, antwortete Frank und begann eine rote Blume mit einem grünen Stiel zu malen.

Das Beispiel soll zeigen, wie sich unsere Gottesbeziehung durch das Erscheinen Jesu geändert hat. Durch ihn ist Gott dein Freund, der deine Ideen ernst nimmt. Der dich respektiert, dir vertraut. Religion – ein paar Regeln, die einem genau sagen, wie man alles richtig macht – ist einfach, aber langweilig. Trotzdem wäre vielen Menschen eine kalte Religion als Geschenk lieber gewesen als Jesus! Aber Gott sah das wohl anders. Zum Glück!

FRANK BONKOWSKI

12 Der Esel, der beinahe Geburtshelfer wurde

Durch eine der Ritzen zwischen den Holzbrettern ist der klare Sternenhimmel zu sehen. Das Einzige, was nach einem vollen und lauten Tag zu hören ist, ist der Wind in den Bäumen, der die Blätter zum Rascheln bringt. Und natürlich hin und wieder ein Schnarcher von Eddi.

Nachdem den ganzen Tag über Menschen an uns vorübergezogen sind, haben wir jetzt endlich ein paar ruhige Stunden nur für uns. Kein Geschrei, kein Trampeln – nur unser Stall und wir. Ich liebe diese Momente. Wenn draußen alles ruhig wird und die Nacht so friedlich ist … aber morgen geht der Trubel wieder los. Na ja, wenigstens ein paar Stunden bleiben noch!

Schon komisch. Normalerweise ist es um diese Jahreszeit sonst sehr ruhig hier. Wenn es draußen kalt wird, verbringen die Menschen ihre Zeit eher im Haus. Geschweige denn, dass irgendwelche Fremden in dieser Gegend auftauchen. Aber seit Anfang der Woche strömen hier Menschenmassen vorbei – so was habe ich noch nie erlebt. Sollen sie ruhig – solange ich wenigstens abends meine Ruhe habe, soll es mir recht sein! Obwohl »Ruhe« vielleicht der falsche Ausdruck ist. Ich würde schon längst schlafen, wenn Eddi, der Ochse gegenüber, nicht so schnarchen würde.

Oh, was ist denn das für ein Lärm von draußen? Das sind doch Menschen, die da miteinander sprechen … Streiten die? Warum sind sie denn so laut? Muss denn das sein, so mitten in der Nacht? Oh, eine junge Frau und ein junger Mann. Aber was hat die denn? Das arme Mädchen schreit ja richtig. Sie scheint sich verletzt zu haben. Vielleicht ein Unfall oder so. Hoffentlich gehen die schnell weiter. Ich will endlich schlafen. Wird langsam echt –

oh nein, was soll das denn? Die kommen rein. Ich glaub's ja nicht! Hallo?! Ein bisschen Privatsphäre sollte einem aber schon gegönnt sein! Das hier ist doch kein Zoo!

Jetzt haben sie auch noch die anderen wach gemacht. Und schon geht das Gemecker los. »Licht aus!«, ruft Merle von hinten, »ich will schlafen!« Na toll, jetzt ist das Schaf wach. Ausgerechnet! Ich möchte nicht in der Haut dieser ungebetenen Gäste stecken, denn wenn Merle nachts geweckt wird, dann wird sie zum Tier. Eddy kennt das schon – kein Wunder, wenn er immer so laut schnarcht.

Oha. Jetzt weiß ich, warum die arme Frau so laut schreit. Ich glaub, mein Schwein pfeift! Von wegen Unfall!! Die ist ja schwanger, und zwar richtig. Mehr schwanger geht nicht. Aber was wollen die denn in diesem Zustand hier? Mitten in der Nacht?! Haben die kein zu Hause, oder was? Wenn man ein Kind kriegt, geht man doch nicht in einen Stall. Der Mann, der die Frau begleitet, hält einen Esel an der Hand. Gut, dass du da bist, Bruder – kannst du mir mal erklären, was hier los ist?! Scheint, als hätten die beiden für ihren Besuch in unserer Stadt kein Zimmer reserviert. Wie heißt es doch so schön? Wer zu spät kommt, den bestraft das Leben! Hey, der Spruch ist gut. Könnte direkt ein Klassiker werden!

Was machen die denn jetzt? Die wird doch wohl nicht ... aber doch nicht mitten hier im Stall. Oh nein, jetzt geht's tatsächlich los. Bitte nicht, ich will das nicht sehen! Es reicht mir schon, einmal im Jahr zuzusehen, wie die Lämmer geboren werden. Da muss ich nicht auch noch sehen, wie ein Mensch zur Welt kommt. Und wer macht anschließend die Sauerei weg? Wir wollten das Stroh eigentlich noch essen, vielen Dank auch. Der arme Esel. Bruder, ich fürchte, du musst jetzt ganz stark sein!! Ich drehe mich lieber diskret zur Stallwand. Das ist ja kaum auszuhalten!

Jetzt geht das schon eine Ewigkeit so. Ich frage mich langsam, warum es draußen noch nicht hell ist ... na, endlich verstummen die Schreie der Frau. Es scheint vorüber zu sein. Wurde auch Zeit. Das Ergebnis lässt sich dafür sehen: ein wunderschönes Baby! Ganz klein, und so frisch! Und es schläft auch noch ganz friedlich. Wie süß. Sogar Eddi ist neugierig geworden und schleicht sich langsam näher zu den Menschen. Wie friedlich die drei aussehen. Eine richtige kleine Familie.

So schlimm war's doch gar nicht! Ich wusste ja schon immer, dass ich mich hervorragend als Geburtshelfer eignen würde. Wenn ich das morgen meinem Kumpel Egon erzähle. Das glaubt der mir nie. Ja, wirklich, ein Esel, der hilft, einen Menschen auf die Welt zu bringen ... also ... ein bisschen wenigstens ... irgendwie sozusagen. Und das Beste ist: Jetzt hab ich doch noch meine wohlverdiente Ruhe. Einfach himmlisch.

Dann kann ich ja jetzt endlich ... Wuaaaaaah!!! Schon wieder geht die Tür auf. Das ist aber auch ein Verkehr hier heute Nacht!! Wer kommt denn jetzt? Oh, hoher Besuch!! Wenn das mal nicht drei komische Gestalten sind. Haben den Kopf umwickelt. Merkwürdig, ihre Mode. Was wollen die denn hier? Und Geschenke haben sie dabei! Sieht alles ganz schön kostbar aus! Die Eltern von dem kleinen Kind – ein Junge, wenn ich das aus der Entfernung richtig sehe – scheinen sich sehr über die Geschenke der Neuankömmlinge zu freuen. Weihrauch schenkt der eine ihm? Ja, was soll denn das Baby mit Weihrauch? Ekelhaft, das Zeugt stinkt doch bis hierher! Die Menschen haben wirklich einen komischen Geschmack. Sie hätten lieber mal neues Stroh mitbringen sollen – irgendwie muss die Sauerei ja verschwinden, und wir brauchen morgen schließlich was zu essen.

Jetzt stehen auch noch Hirten vor der Tür. Scheint eine kleine Party zu werden hier. Ja sag mal, haben die auch kein Zuhause? Und woher wissen die, dass hier noch was los ist? Einladungen hat wohl niemand verschickt, ich habe jedenfalls nichts bekommen!

Schon komisch. Alle sind sehr ehrfürchtig dem Kleinen gegenüber. Dafür, dass er erst wenige Minuten auf der Welt ist, machen sie einen ganz schönen Aufstand um ihn. Sie sagen, dass er König sein wird, wenn er groß ist. Das ist aber eine komische Königsfamilie, die mit einem Esel reist und es nicht mal schafft, sich ein ordentliches Zimmer zu mieten. Sie hätten wenigstens das Geld für ein weiches Bett ausgeben können. Ein König in meiner Futterkrippe, unfassbar! Aber so gut kenne ich mich bei den Menschen ja nicht aus. Vielleicht ist das bei denen normal?

So im Nachhinein ist der ganze Trubel eigentlich doch ganz nett. Gut, dass ich schon hier war, als alles losging. Sonst hätte ich wahrscheinlich draußen bleiben müssen und diese besondere Party verpasst. Aber jetzt bin ich Zeuge und Beinahe-Geburtshelfer eines kleinen hübschen Königs.

Mittlerweile nimmt die kleine Feier immer mehr Gestalt an. Die Typen mit dem Schal um den Kopf haben erzählt, dass sie einem Stern gefolgt seien. Wenn ich es nicht besser wüsste, hätte ich gesagt, dass sie unterwegs zu viel Weihrauch genossen haben. Na ja … und die Hirten sagten was von einem Engelschor, der sie auf den Feldern besucht hätte. Aber ob ich das glauben soll? Ein ganzer Engelschor nur für die abgewrackten Gestalten?

Es ist schön, alle gemeinsam zu beobachten. Ich konnte sogar ein paar Worte mit dem anderen Esel wechseln. Er spricht zwar einen etwas merkwürdigen Dialekt, aber das meiste konnte ich verstehen. Abenteuerliche Geschichten über die Reise der jungen Eltern hat er mir erzählt. Der hat ganz schön was mitgemacht, musste ja sozusagen zwei in einem zu uns tragen. Die junge Frau hätte ihn dafür immer am Hals gestreichelt und gemeint, sie hätte so ein Gefühl, dass er nicht der letzte Esel sei, der im Leben ihres Kindes eine Rolle spielen würde. Was sie wohl gemeint hat? Bestimmt mich!

Was mich ja am meisten verwirrt, ist die Stimmung, die sich seit der Geburt des Babys schlagartig verändert hat. Klar, die Frau hat aufgehört zu schreien. Aber das allein ist es nicht. Das erste Mal fiel mir das auf, als die Weisen hereinkamen. Sie knieten vor ihm nieder und waren so ehrfürchtig. Und je länger die alle zusammen vor dem Kind knieten, umso friedlicher wurde es hier. Damit meine ich nicht, dass es leise geworden wäre – das kann man nun wirklich nicht sagen. Aber eben friedlicher. Woran ich das merke? Als Erstes haben sich Eddi und Merle seit Stunden nicht mehr gestritten. Das gab's schon seit Jahren nicht mehr. Sie beobachten das Geschehen einfach gebannt. Und wenn ich den kleinen Jungen ansehe, wird mir auch ganz warm ums Herz. Und das meine ich wirklich so. Die Wärme breitet sich aus. Nicht heiß, sondern wohlig warm. Immer weiter und weiter, bis in meine Hufe. Ein schönes Gefühl!

Vielleicht will die kleine Familie ja hierbleiben? Wäre eine lustige Art der Wohngemeinschaft, aber wieso nicht? Wir haben immerhin diese Nacht miteinander verbracht. Und wenn dadurch der Friede hierbleibt, darf der Kleine gern noch eine Weile hier verbringen. Wäre bestimmt spannend. Ich hab bisher nur Lämmer aufwachsen sehen. Ein Kind dabei zu beobachten, wäre endlich mal eine gelungene Abwechslung! Nur für die Weisen und Hirten wird es vielleicht auf Dauer zu eng …

REBEKKA GOHLA

13 So vermiesen Sie sich das Fest, aber richtig! Ein Anti-Weihnachtsratgeber

Dies ist (k)eine Geschichte über ein fröhliches Weihnachtsfest. Mal ehrlich: Was ist an Weihnachten schon fröhlich? Kling-Glöckchen-klingelingeling vielleicht? Oder Mutters Weihnachtsgans mit Grünkohl, bei dem schon seit Jahren die ganze Familie rot sieht? Wer fängt schon an, freudig zu jubilieren, wenn er in den Einkaufszentren bereits Ende September über Berge von Schokoweihnachtsmännern stolpert? Ein echter Weihnachtsmuffel stimmt höchstens entnervt »Alle Jahre wieder« an, verdreht die Augen und ist fest entschlossen, wenigstens dieses Jahr den ganzen gefühlsduseligen Rummel zu boykottieren und zum waschechten Weihnachtsverweigerer zu werden. Seine Maxime lautet: Statt Frohsinn und Freude lieber Meckern und Missmut.

Nun gut, ich gebe es zu: Lichterglanz, liebevolle Geschenke, Zimt- und Lebkuchendüfte, erhebende Weihnachtsmusik – denken Sie bloß mal an das Weihnachtslied »Freue dich, Welt« – und vor allem die stimmungsvollen Festgottesdienste machen es selbst dem bärbeißigsten Griesgram nicht gerade leicht, sich nicht auf Weihnachten zu freuen.

Da ist dringend Hilfe geboten. Und so sind denn diese Zeilen ein winziger Versuch, jeden zu unterstützen, der es darauf anlegt, sich das Weihnachtsfest zu vergraulen, zu vermiesen und so unerfreulich wie nur möglich zu gestalten. Wer allerdings in froher Erwartung das Fest vorbereitet und es so vergnüglich und sinnvoll wie möglich gestalten will, der sollte nun besser diese Lektüre zur Seite legen. Allen anderen gilt meine heftigste Anteilnahme zu einem angespannten und misslungenen, zu einem wahrhaft katastrophalen Weihnachtsfest.

Mein erster und wichtigster Rat: Machen Sie es wie der Mainstream: Stimmen Sie ein in den Tenor von Unzufriedenheit, Verdrossenheit und Übersättigung. Lamentieren Sie darüber, wie unnötig Weihnachten ist, und überzeugen Sie sich selbst zuerst davon. Und ändern Sie niemals die Weihnachtstraditionen, die Sie genau zu dieser Einstellung geführt haben.

Wenden wir uns nun dem zu, was Umfragen zufolge für viele Menschen der eigentliche Zweck des Weihnachtsfestes ist: dem Wahn des Schenkens. Keiner will es, aber alle tun es. Und das, wo in unseren Breiten zum Wünschen kaum noch etwas übrig bleibt. Und wenn doch? Nun, keiner verbietet es Ihnen, die Wünsche Ihrer Lieben stillschweigend zu ignorieren, was auf keinen Fall heißt, dass Sie keine Geschenke einkaufen sollen, vorzugsweise möglichst erst am 23. Dezember. Verzichten Sie bloß nicht auf das Geschiebe und Gedränge an überfüllten Wühltischen. Ärgern Sie sich über hohe Preise und den Gedanken, dass wahrscheinlich bereits ab dem 27. Dezember der Seidenschal für Sieglinde schon für den halben Preis zu haben ist. Das Geschenkekaufen ist auch Ihre Chance, daran zu verzweifeln, dass Ihr 13. Monatsgehalt für so unnütze Dinge wie eine dritte Tischlampe für Tante Christine draufgeht.

Doch beim Schenken geht es nicht nur darum, das eigene Leiden zu pflegen. An Weihnachten eröffnen sich dem geschulten Schenker ungeahnte Möglichkeiten, auch andere kräftig zu enttäuschen. Stellen Sie sich bloß das Gesicht von Opa vor, wenn er am Heiligen Abend die Krawatte auspackt, von denen er in gleicher Farbe und Bemusterung schon mindestens vier bis sieben Scheußlichkeiten im Schrank hängen hat. Schenken Sie, was kein Mensch braucht und was gerade gut genug für die Mülltonne ist.

Apropos auspacken: Kreatives Verpacken von Geschenken wird völlig überbewertet und ist eigentlich nur etwas für die liebevollen Stimmungskanonen der Weihnachtsfeiernden. Unter dem Weihnachtsbaum sehen Geschenke, herzlos in Zeitungspapier gewickelt, wunderbar hässlich aus. Und steigern Sie sich ruhig, indem sie das Ganze dick mit unansehnlichem Kreppband verkleben. Fortgeschrittene Schenker packen ihre Geschenke überhaupt nicht mehr ein. Sie haben verstanden, dass jede Überraschung Vorfreude auslöst. Und das gilt es schließlich zu vermeiden.

Um etwas unter den Tannenbaum zu legen, muss aber erst mal ein Tannenbaum her. Scheuen Sie keine Kosten und Mühen, und klappern Sie sämtliche Verkaufsstände ab, vorzugsweise die, in deren Nähe Buden aufgebaut wurden, in denen Sie sich mit Pommes, Würstchen und Glühwein versorgen können. Schwelgen Sie in den Düften abgestandenen Öls und verbrannten Fleisches. Lassen Sie sich ausgiebig von mit Glühwein angetrunkenen Halbstarken anrempeln, und erhöhen Sie den Grad Ihrer Anspannung, indem Sie selbst eifrig alkoholische Getränke zu sich nehmen. So gewährleisten Sie auch gleich, dass Sie auf gar keinen Fall mit dem eigenen Auto fahren können, sondern Ihren Baum mit öffentlichen Verkehrsmitteln nach Hause transportieren müssen. Es ist ein Erlebnis der besonderen Art, sich zusammen mit dem Weihnachtsbaum in eine Straßenbahn zu quetschen. Ich rate Ihnen, sich unter diesen Umständen einen Baum auszusuchen, der keinesfalls unter zwei Meter fünfzig klein ist. Schließlich ist der Sinn der Sache, sich abzurackern und bei den Mitfahrern möglichst viel Missfallen auszulösen.

Suchen Sie sich unter der Vielzahl der angebotenen Bäume überhaupt den krüppeligsten aus, und am besten einen, der schon zu nadeln beginnt. Welch ein Erfolg, wenn noch, bevor die ersten Lichter angezündet werden, Ihr Weihnachtsbaum in seiner ganzen kahlen Pracht das Weihnachtszimmer verunstaltet. Sorgen Sie bitte auch mit möglichst kitschigem Schmuck für ein Gelingen der gestalterischen Frustration. Zweckmäßig sind längst ausgediente, angeschlagene Kugeln in schrillen Neonfarben.

Hübsch passt dazu eine Weihnachtskrippe, besonders, wenn Sie dem Jesusglauben nicht viel abgewinnen können. Nutzen Sie Weihnachten als das Fest des Selbstbetrugs und des süßlichen Traditionalismus. Es geht doch nichts über ein Knäblein im lockigen

Haar, über das Sie sich lustig machen können. Oder Sie punkten vor ihren Mitfeiernden mit den neuesten Erkenntnissen aus dem SPIEGEL, zum Beispiel, dass es kein Stall, sondern wahrscheinlich ein ganz normales Wohnhaus war, in dem Ochs und Esel ihren Platz im Eingangsbereich hatten und Jesus deshalb wahrscheinlich in einem ganz ordinären Hausflur zur Welt kam. Und wo steht überhaupt etwas von Ochs und Esel geschrieben? Behaupten Sie, dass alle Christen blauäugige Märchenerzähler sind. Sie werden staunen, wie viel betretenes Schweigen Sie auslösen, besonders, wenn ein wahrhafter Christusgläubiger mit Ihnen den Heiligen Abend begeht. Schmeißen Sie Christkind und Weihnachtsmann in einen Topf, und erklären Sie, dass der Nikolaus Türke war, was sich hervorragend zu einem ausländerfeindlichen Vortrag auswalzen lässt. Genießen Sie die betretene Stille nach ein paar taktlosen und besserwisserischen Halbwahrheiten.

Einen besonderen Effekt erzielen Sie dabei während des Essens, wenn sowieso alle den Mund voll haben, sodass Ihnen keiner widersprechen kann. Womit wir schon bei einem weiteren wichtigen Thema wären: dem Weihnachtsessen. Es dient hervorragend dazu, den Koch oder die Köchin zu kränken. Dazu bedarf es nicht einmal vieler Worte. Es reicht völlig, unlustig die Erbsen von einer Seite des Tellers zur anderen zu schieben und die aufwändig zubereitete Zimt-Kürbiskern-Charlotte mit Mandelsplittern und Schokosahnehäubchen mit hochgezogener Augenbraue zu quittieren. Ein umgestoßenes Rotweinglas sorgt ebenso für Unruhe wie ständig geäußerte Wünsche, kaum, dass sich der Gastgeber, die Gastgeberin hingesetzt hat. Empören Sie sich über Flecke auf Ihrem Glas, und mokieren Sie die billigen Papierservietten. Vergessen Sie nicht, währenddessen in sich hineinzuschaufeln, was immer sich hineinschaufeln lässt. Denn was wären die Festtage ohne eine ordentliche Magenverstimmung?

Wenn Sie sich schließlich zwischen dem zweiten Weihnachtsfeiertag und Silvester sterbenselend fühlen, mit depressiver Stimmung im Bett liegen und es Ihnen jetzt schon graut bei dem Gedanken an das nächste Weihnachtsfest, so gratuliere ich Ihnen zu Ihren Fortschritten als »weihnachtlicher Miesepeter«. Wollen Sie es aber zu wahrer Meisterschaft bringen, dann beherzigen Sie auch noch diesen Rat: Schwimmen Sie mit dem Strom, und bleiben Sie an der Oberfläche. Setzen Sie sich, so wie ich es Ihnen empfohlen habe, nur mit Äußerlichkeiten wie Essen, Trinken, Tannenbaum und Geschenken auseinander. Vermeiden Sie jeden tieferen Gedanken über den Sinn von Weihnachten und was es für Sie persönlich bedeuten könnte. Lassen Sie sich auf keinen Fall auf Gott ein und seine Idee, einer von uns zu werden, um uns zu retten und einen Weg der Hoffnung, der Erfüllung und der Freude zu zeigen. Seien Sie vorsichtig! Es könnte Weihnachten verändern und Ihr Leben noch dazu. Ganz und gar nicht in diesem Sinne wünsche ich Ihnen: Fröhliche Weihnachten.

EVA PRAWITT

14 *Die Ankunft*

Und als sie dort waren, kam die Zeit, dass sie gebären sollte. Und sie gebar ihren ersten Sohn und wickelte ihn in Windeln und legte ihn in eine Krippe; denn sie hatten sonst keinen Raum in der Herberge.
LUKAS 2, 6-7

Es ist fast 40 Jahre her. 1973, zwischen Weihnachten und Silvester, haben meine Frau und ich uns verlobt. Wir saßen in meinem alten blauen Käfer, weil es an diesem zweiten Weihnachtstag in der Stadt kein offenes Restaurant gab. Es war kalt, wir hatten unsere Mäntel an, und doch war es einer der wichtigsten und schönsten Momente in unserem Leben. Wir haben »Ja« zueinander gesagt. Die Stadt, in der das passierte, heißt Moers. Kennen Sie Moers, die kleine Stadt am Niederrhein, die Heimat von Gerhard Teerstegen und Hanns Dieter Hüsch? Kommt wahrscheinlich darauf an, in welcher Region Sie zuhause sind bzw. leben. Aber hier in Moers ist es passiert. Hier haben wir uns verlobt, und genau das macht die kleine Stadt für Esther und mich zu einem besonderen Ort.

Wahrscheinlich kennt jeder von uns solche Orte, die für das eigene Leben eine besondere Bedeutung bekommen haben. So ein Ort ist auch Bethlehem! Wenn wir uns mit Weihnachten beschäftigen, ist es so schwer, sich die historische Situation damals vorzustellen. Bethlehem bestand nicht aus Krippen, Stroh und brennenden Kerzen. Es roch nicht nach Lebkuchen, Nüssen und leckerem Essen. Bethlehem war ein lausiges Nest in einem besetzten Land. Ein Ort, der gerade ein kleines wirtschaftliches Wunder erlebte, weil der Kaiser in Rom eine Volkszählung angeordnet hatte. Bethlehems Hotels waren ausgebucht – ein absolutes Wunder zu dieser Jahreszeit, Konjunkturbelebung im Jahre null.

Für Maria und Josef war das weniger gut. Sie fanden in der überfüllten kleinen Stadt kein Zimmer. Der Besitzer einer bestimmten Herberge würde Geschichte schreiben, auch wenn er in der Weihnachtsgeschichte in Lukas 2 überhaupt nicht erwähnt wird. Aber in jedem Krippenspiel kommt er vor.

Wir wissen gar nicht, wer dem jungen Paar die Auskunft gab, dass alles ausgebucht ist. Vielleicht war es der Wirt selber, wahrscheinlich ist das schon, und ich glaube, er hätte anders reagiert, wenn er geahnt hätte, wem er da die Unterkunft verweigert. Aber das hat er nicht ahnen können. Vor ihm stand ein offensichtlich müdes, armes Ehepaar. Sie war hochschwanger, er war ein einfacher Mann, ein Handwerker. Alles war so banal. Nichts, aber auch gar nichts, deutete auf ein besonderes Ereignis hin.

Also schickte der Herbergsbesitzer die Leute einfach weg, so vermuten wir. Das absolut ungewöhnlichste Ereignis in der Weltgeschichte fand unter Ausschluss der Öffentlichkeit in einem Stall statt. Niemand hätte je etwas davon erfahren, wenn es nicht eine ganz andere Nacht gewesen wäre als jede andere zuvor. Dina Donohue erzählt in ihrem Buch »Kein Raum in der Herberge« eine Geschichte, die mich sehr berührt hat: Sie handelt von Walter Bulling, einem neun Jahre alten Jungen, der viel zu groß und unbeholfen für sein Alter war. Zudem war er nicht gerade der hellste Kopf. Aber seine Mitschüler mochten ihn. Er war stets hilfsbereit und freundlich. Als in der Schule ein Krippenspiel aufgeführt werden sollte, durfte Walter die Rolle des Wirts spielen. Der hatte nur ganz wenig Text zu sprechen, aber aufgrund seiner Größe war Walter die ideale Besetzung.

Der Abend der Aufführung kam. Walter war aufgeregt und ging völlig in seiner Rolle auf. Es kam der Augenblick, wo Josef auftrat und Maria ganz vorsichtig vor die Herberge führte. Als

Josef fest an die Holztür der Kulisse klopfte, antwortete Walter in der Rolle des Wirtes in barschem Ton: »Was wollt ihr?« Josef trug seine Bitte nach Unterkunft vor, aber der Wirt wies sie energisch und streng ab. Schließlich sagte Josef mit resignierender Stimme: »Bitte, lieber Wirt – das hier ist meine Frau Maria. Sie ist schwanger und braucht einen Platz zum Ausruhen. Ihr habt doch sicher ein Eckchen für sie. Sie ist so müde.« Walter brachte zunächst keinen Ton heraus. Sofort wurde ihm der Text zugeflüstert, den er auch mechanisch wiederholte: »Nein! Schert euch fort!« Als daraufhin Josef und Maria traurig weggehen wollten, besann sich Walter und rief Josef mit einem breiten Lächeln hinterher: »Bring Maria wieder her, ihr könnt mein Zimmer haben.« Dina Donohue schließt ihre Erzählung mit dem Satz: »Manche Leute meinten, Walter habe das Spiel verdorben. Aber viele, viele andere hielten es für das weihnachtlichste aller Krippenspiele, die sie je gesehen hatten.«

Im historischen Bethlehem blieb der Wirt unnachgiebig! Das junge Ehepaar fand nur in einem Stall Unterkunft, und hier kam ihr kleiner Sohn zur Welt. Ich selbst habe fünf Kinder – bei vier Geburten war ich dabei. Ich wollte meine Frau nicht alleine lassen. Bei der ersten Geburt hat mich die Hebamme aufgefordert, mich hinzusetzen. Keine Minute zu früh. Ich war kreidebleich und wäre sonst umgefallen. Wie, um alles in der Welt, hat Josef das ertragen?

In einem Stall in der kleinen Stadt Bethlehem wird ein Kind geboren. Die Geburt ist nichts Besonderes, der Ort düster, die Situation mühsam. Das Ehepaar aus Nazareth ist müde von der Reise und geschafft von der Geburt. Ihr Sohn ist geboren, und sie nennen ihn Jesus. Da liegt ein Kind, ein Baby, ein vollkommener Mensch! Es schreit, es wird gestillt, es wird gewickelt! Eine ganz normale Situation in einer wirklich existierenden Stadt vor vielen Jahren in einem Winkel des römischen Imperiums. Ein Baby – völlig abhängig von seinen Eltern. Herrlichkeit inmitten der Einfachheit! Heiligkeit Gottes in einem Stall. Gott kommt durch den Leib einer jungen Frau, begleitet von einem Zimmermann, zur Welt.

Was hat das für Gott bedeutet? Er, der das ganze Universum in seiner Hand hält. Er, der die Zahl der Sterne kennt, der alles kann und alles weiß, wird ein Kind, das auf die Fürsorge seiner Mutter angewiesen ist. Haben wir auch nur einen blassen Schimmer davon, was das für Gott bedeutet hat? Freiwillig auf alle göttlichen Privilegien zu verzichten und ein hilfloses Menschenkind zu werden? Was hat Maria empfunden, als sie ihr Kind im Arm hielt? Was hat Josef gedacht, als er seine Frau vor sich sitzen sah, mit einem Kind im Arm, das nicht wirklich sein Kind war? Maria hält Gott im Arm, streichelt über das Gesicht dieses kleinen Wesens und denkt an die Reise, die es zurückgelegt hat. Dieses Baby kommt aus einer anderen Welt. Es hatte noch vor kurzem das ganze Universum im Blick, und nun ruht die Heiligkeit Gottes in einfachen Tüchern. Der Thronsaal Gottes in seiner unbeschreiblichen Schönheit hat sich in einen schmutzigen Schafstall verwandelt. Statt der Engel sind es nun einfache Hirten, die ihre Knie vor ihm beugen. Er ist ein Baby – völlig ausgeliefert, hilflos, von der Fürsorge seiner Eltern abhängig. Und doch ist alles anders! Herrlichkeit Gottes mitten unter den Menschen, von denen noch niemand eine Ahnung von diesem Wunder hat.

Erst mit zeitlicher Distanz kann der Apostel Johannes schreiben:

»Und das Wort ward Fleisch und wohnte unter uns, und wir sahen seine Herrlichkeit, eine Herrlichkeit als des eingeborenen Sohnes vom Vater, voller Gnade und Wahrheit.« (Johannes 1, 14) Die Herrlichkeit Gottes lässt sich in Bethlehem nieder. Die Engel ehren Gott durch ihren himmlischen Gesang, und die meisten Menschen haben keine Ahnung, was da passiert. Es war eine Nacht mehr, ein Tag mehr – eigentlich nichts Besonderes im Lauf der Geschichte, und doch war es der wichtigste Augenblick seit dem Paradies. Gott wurde Mensch.

Wie wollen wir das angemessen würdigen? Christian F. Gellert hat es so ausgedrückt: »Wenn ich dies Wunder fassen will, so steht mein Geist vor Ehrfurcht still, er betet an, und er ermisst, dass Gottes Lieb unendlich ist.«

Gott wird Mensch, das Wort wurde Fleisch! 30 Jahre später wird dieses Kind ein Mann sein, der ewige Worte spricht:

»Kommt her zu mir, die ihr mühselig und beladen seid. Ich will euch erquicken. Wen da dürstet, der komme zu mir und trinke.«

»Ich bin der Weg und die Wahrheit und das Leben. Niemand kommt zum Vater, denn durch mich.«

»Ich bin bei euch alle Tage, bis an der Welt Ende.«

Ein besonderer Ort, ein besonderer Augenblick, es ist die Heilige Nacht. Alles ist anders, bis heute, in diesen Wochen um Weihnachten. Die Hausfrauen schmücken die Häuser, als gelte es, einen geheimen Wettbewerb zu gewinnen. Die Straßen haben einen festlichen Glanz. Die Christen erleben ihre Gottesdienste ganz anders als sonst. Heilige Nacht! Die Kinder sind aufgeregt. Es gibt etwas Gutes zu essen. Der Weihnachtsbaum erstrahlt in seinem Glanz. Es ist Weihnachten. Jesus ist geboren! Das ganze Jahr hindurch verschwenden die meisten Menschen keinen Gedanken an Jesus, aber in diesen Tagen, ein paar kostbare Stunden lang, sehen die Menschen ihn, den sie oft nicht kennen, dessen Namen sie so leichtfertig missbrauchen, überall. Sie gehen an Heiligabend in einen Gottesdienst und singen Lieder, die ihn preisen. Weihnachten lässt den Kellner freundlicher das Essen servieren. Weihnachten treibt Mutter die Tränen in die Augen, weil endlich die Kinder mal wieder alle zusammen sind. Weihnachten beschert dem Obdachlosen eine Feier im Café der Kirchengemeinde. Weihnachten ist das Thema unzähliger Beiträge in den Zeitungen, im Radio und im Fernsehen. Die Heilige Nacht!

Wir feiern die Ankunft, den Geburtstag, des Herrn, und so viele der Gäste kennen ihn überhaupt nicht. Weihnachten bekommt seinen Glanz nicht von den Dingen, nicht von den Kerzen, nicht von der besonderen Atmosphäre. Weihnachten bekommt seinen Glanz von ihm. Jesus ist gekommen. Der Himmel berührt die Erde. Und spätestens an dieser Stelle ist Schluss mit aller Unverbindlichkeit und Ignoranz! Wenn das Kind im Stall wirklich der Heiland der Welt ist, dann darf ich alles, nur eins nicht: diesen Heiland verpassen. Wenn wir Gott so wichtig sind, dass er selbst Mensch wird, damit wir ihn verstehen, dann darf ich alles, nur eins nicht: ihn aus meinem Leben ausklammern.

Es ist doch bemerkenswert, wer die ersten Menschen waren, die vor dem Mensch gewordenen Gottessohn die Knie beugen: Es sind nicht die Stadträte von Bethlehem. Es ist nicht der römische Kaiser. Es ist nicht die hohe Geistlichkeit, und es sind nicht die führenden Wirtschaftsvertreter. Es sind die Hirten, einfache, handfeste Leute, mit nicht immer reinen Westen, aber mit genügend Zeit, um den Engeln zuzuhören. Sie kommen in den Stall. Sie haben eine Verabredung mit Gott. Sie beugen ihre Knie vor dem König aller Könige, weil ihr Herz berührt ist.

Noch einmal zu Moers, der kleinen Stadt am Niederrhein. Das ist auch die Heimat von Hanns Dieter Hüsch, der im Dezember 2005, kurz vor Weihnachten, gestorben ist. Der Mann war sehr krank. Auf seine Krankheit angesprochen, sagte er kurz vor seinem Tod: »Mein tiefer Glaube hat mir auch in meiner schweren Zeit der Krebserkrankung geholfen.« Hüsch blieb immer optimistisch und humorvoll – auch in seinem Alltag mit dem »lieben Gott«. Im März 2000 sagte er in einem Interview: »Ich habe mit ihm eine Verabredung, und weil wir beide so wenig Zeit haben, haben wir gesagt, lass uns mal nichts festmachen. Wer kommt, der kommt.«

Jetzt ist diese Verabredung wahr geworden. Jetzt singt Hanns Dieter Hüsch Anbetungslieder vor dem Thron des Königs aller Könige. So wie die Hirten – und doch ganz anders. Das fordert eine letzte Feststellung: Jesus begegnen wir nie neutral. Das Kind in der Krippe wird immer unsere Zustimmung oder unsere Ablehnung bekommen. Der Augenblick, in dem wir ihm begegnen, ist immer auch der Augenblick der Entscheidung.

Einige Wochen später treffen wir die kleine Familie in Jerusalem wieder. Der kleine Jesus soll im Tempel gesegnet werden. Im

Gotteshaus begegnen sie einem sehr alten Mann, Simeon heißt er. Dieser hatte das Versprechen von Gott bekommen, dass er nicht sterben würde, bevor er den Messias mit eigenen Augen gesehen hätte. Und jetzt ist es soweit! Er lobt Gott, ist im wahrsten Sinne des Wortes begeistert, spricht eine Verheißung über dem kleinen Kind aus und verbindet damit ein besonderes Wort an Maria: An diesem Kind wird sich das Leben vieler Menschen in Israel entscheiden; denn es wird entweder ihr Richter oder ihr Retter sein. Viele werden sich ihm leidenschaftlich widersetzen und dadurch zeigen, dass sie gegen Gott sind. Der Schmerz darüber wird dir wie ein Schwert durchs Herz dringen. (Lukas 2, 33-35)

Simeon wusste: Vor Maria liegt kein leichter Weg. Ihr Sohn wird ihr viel Leid und Kummer machen. Und er sollte recht behalten: Maria musste einen hohen Preis bezahlen. Es war schwer für sie zu sehen, wie er die elterliche Werkstatt verließ und ein umherziehender Prediger wurde. Es machte ihr großen Kummer zu sehen, dass er nicht mehr nach Hause kam, sondern ein anderes Haus als das Haus seines Vaters ansah. Wie muss sie gelitten haben, als ihr Sohn am Kreuz hing, an Händen und Füßen durchbohrt, hingerichtet auf einem Müllberg, zusammen mit gemeinen Verbrechern!

Maria hat all diesen Schmerz ertragen und hat nicht aufgegeben. Sie ist geblieben. Sie war bereit, den Preis zu bezahlen. Sie lernte den Schmerz kennen, aber auch die Freude, unaussprechliche Freude. Ich musste an das schöne englische Weihnachtslied 'Mary, did you know' denken: »Maria ahnst du, dass dein kleiner Sohn als Lamm die Sünde trägt? Ahnst du, dass dein Sohn eines Tages die Völker regieren wird?«

Ahnst du, ahnen wir, was es bedeutet, sich mit Jesus einzulassen, und sind wir bereit dazu – wie Maria, wie die Hirten? Die Freude über seine Ankunft wird sich uns nur erschließen, wenn wir dazu ein vertrauensvolles Amen sagen.

KLAUS-GÜNTER PACHE

15 *Der Bettler am Straßenrand*

Bestimmt kennst du das auch: Du läufst im Winter durch die Fußgängerzone. Es ist kalt und ungemütlich, die Nase tropft und du denkst dir: Wann ist diese elende Kälte endlich vorbei? Hört das gar nicht mehr auf? Ich mag den Winter nicht. Der Schnee und die Tage, wo es um 15 Uhr schon dunkel wird, sind furchtbar. Ich stehe eher auf 30 Grad und Sonnenschein.

Doch wie muss es den Menschen erst gehen, die am Straßenrand sitzen und um etwas Geld oder zu essen betteln? Wie fühlen sie sich in dieser kalten Jahreszeit?

Ich bin Christ, und gerade als Christ sollte ich doch helfen und bittende Hände nicht ablehnen – oder?!? Gerade in der Winter- und Weihnachtszeit fällt es mir besonders schwer, an Menschen vorbeizugehen, ohne ihnen zu helfen. Ich habe schließlich selbst drei Jahre auf der Straße gelebt. Und es war manchmal so kalt, dass meine Freunde und ich uns buchstäblich den Hintern abgefroren haben.

Wenn man schläft, erfriert man schneller – deshalb musste nachts einer von uns Wache halten, während die anderen schliefen. Der Wecker klingelte stündlich, alle wurden geweckt, um auf die Toilette zu gehen oder rumzulaufen, einfach den Kreislauf in Schwung zu bringen und warm zu werden. Wir hatten tierische Angst zu erfrieren.

Am schlimmsten war es, wenn die Kälte bis in die Knochen vorgedrungen war und man sich wie gelähmt fühlte. In Dresden oder Berlin wird es nachts auch mal minus 10 Grad und kälter. Teuflisch, wenn man dann noch Alkohol oder Drogen intus hat.

Wie dem auch sei, ist es denn richtig, einfach vorbeizugehen? Ich habe mich mit diesem Thema beschäftigt und Gott gefragt, was er dazu meint. Ich sagte: »Hey, Daddy, in der City hocken so viele Obdachlose, soll ich jedem etwas geben? Oder soll ich ihren Blicken ausweichen und einfach dran vorbei laufen?«

Und ich habe den Eindruck, dass Gott mir gesagt hat, dass ich Grenzen habe. Ich bin nicht Gott und kann nicht die Bedürfnisse aller Menschen stillen.

Aber Jesus war ja auch ein Mensch. Wie hat der das denn gemacht? Er heilte nicht alle Kranken und erweckte auch nicht alle Toten zum Leben (was das wohl gegeben hätte ...). Er gab auch nicht immer allen Obdachlosen zu essen. Wie also könnten wir das schaffen?

Helfen, in welcher Form auch immer, ist, wie jemandem Geld zu geben. Du kannst nur so viel geben, wie du hast, und solltest nur so viel abgeben, dass du auch noch über die Runden kommst – es sei denn, Gott sagt oder zeigt dir für ganz bestimmte Situationen etwas anderes. Manchmal musst du auch an dich selbst denken. Du hast Verantwortung für dich! Du kannst dich nicht liebevoll um andere kümmern, wenn du dich nicht selbst liebst, dir Gutes gönnen und es genießen kannst.

Der Autor Parker Palmer sagt: »Die Sorge für sich selbst ist nicht egoistisch – es ist lediglich ein verantwortungsvoller Umgang mit dem einzigen Geschenk, das ich besitze. Ich wurde auf diese Erde gesetzt, um dieses Geschenk an andere weiterzugeben. Immer, wenn wir auf unser wahres Ich hören können und ihm die Pflege angedeihen lassen, die es braucht, dann tun wir das nicht nur für uns selbst, sondern für die vielen anderen, deren Leben wir berühren.«

Ich habe Christen kennengelernt, bei denen ich den Eindruck habe, dass sie denken, sie müssten anderen immer helfen. Immer! Sie müssten alle Menschen in Not, die irgendwie erreichbar sind, erreichen mit ihrer helfenden Art. Doch schnell sind sie dann verzweifelt, erschöpft, überLASTet und total gestresst.

Ich kann nicht allen helfen – also doch einfach vorbeigehen?

Ich erinnere mich an meine Zeiten im Leben, als ich gebettelt habe. Meistens ist es so, dass Mädchen dabei erfolgreicher sind und mehr Geld oder auch mal was vom Bäcker bekommen. Also stand ich täglich da und bat die Leute um etwas Kleingeld oder um etwas zu essen. Ich versuchte, nett und freundlich zu bleiben, aber das war manchmal sehr schwer. Ständig bekam man dumme Sprüche reingedrückt: »Geh doch arbeiten!«, oder: »Wenn du 'ne Stunde mitkommst, dann bekommst du mehr als Geld.« Wenn's ganz derb kam, wurde man dabei noch weggeschubst oder angespuckt.

Es würde schon sehr helfen, wenn du dir als Passant Gedanken machst, wie es denn überhaupt dazu kommt, dass jemand auf der Straße landet und eben kein geregeltes Leben mit geregelter Arbeit und geregeltem Einkommen führt. Macht er das aus Spaß, Langeweile, ist das sein Hobby?

Ich war gerade mal dreizehn Jahre alt, als ich von daheim abgehauen bin; denn da gab es immer wieder Schläge von meiner alkoholkranken Mutter, mein Vater spielte passiv mit und hatte nicht den Mut, irgendwas dagegen zu tun. Meine Mutter war psychisch krank, hatte Ausraster, bei denen alles durch die Gegend flog, und dann wieder schwere Depressionen. In der Schule erlebte ich Lehrer, die alles andere als ehrlich waren. An Gerechtigkeit konnte ich nicht mehr glauben.

Auf der Straße hatte ich Freunde, wir hielten zusammen und gaben uns gegenseitig Halt. Aber weil das Leben hart war und sich jeder schließlich doch selbst der Nächste war, wenn es darauf ankam, konnte es vorkommen, dass einem der beste Freund nachts, wenn man schlief, das letzte Stück Brot klaute. Der Mensch ist einfach von Grund auf egoistisch. Und dieser Mensch und dieser beste Freund war einmal auch ich.

Die meisten Menschen, die ich auf der Straße kennenlernte, hatten ein krasses Leben hinter sich. Ich erinnere mich an einen älteren Mann, der Alkoholiker war. Er hatte einmal ein richtig

»spießiges« Leben, wie man sich das so vorstellt: einen guten Job, Haus, Schrebergarten, Frau, Kinder, Hund. Und dann starb ganz plötzlich seine Tochter, seine Frau nahm sich das Leben, und er verlor jeglichen Lebensmut. Er begann zu trinken, das Jugendamt nahm ihm das zweite Kind weg, und so nahm das alles seinen Lauf. Bis ich ihn irgendwann auf der Straße traf und er mich blöd anmachte, weil ich in seinem »Revier« stehen würde. Jawohl, die komplette Fußgängerzone ist unterteilt, jeder hat sein Gebiet. Da kann man sich nicht einfach an einen anderen Platz stellen und um Kohle betteln, da gibt's dann Schläge. Aber glücklicherweise war der ältere Mann dann doch ganz nett, und wir teilten uns das Revier. Ab sofort waren wir so was wie »Kollegen« – bis er sich totsoff.

Wahrscheinlich ist es so, dass viele Obdachlose sich vom erbettelten Geld Alkohol und Drogen kaufen, um ihre Situation »erträglicher« zu machen, und mittlerweile – damals war das noch nicht so extrem – trifft man in Großstädten oft auf organisierte Bettlerbanden. Menschen, die wirklich arm dran sind, das Geld aber tatsächlich an ihre »Zuhälter« abgeben müssen. Kriminelle Strukturen und ein widerwärtiges Geschäft mit der Armut. Um das nicht zu unterstützen, empfehle ich, statt Geld Essen oder Essensgutscheine zu verschenken.

Und auch, wenn man nicht allen Bedürftigen helfen kann, finde ich es gut, großzügig zu sein. Geben ist seliger als nehmen oder behalten (frei nach Apostelgeschichte 20,35). Dein Herz wird härter werden, wenn du immer nur »Nein« sagst. Nächstenliebe ist ein Gebot, das nicht nur dem Nächsten guttut, sondern auch dem Gebenden. Geben macht glücklicher als Behalten! Darüber gibt es sogar eine wissenschaftliche Studie.

Das erinnert mich dann an ein Bibelzitat: »Einen fröhlichen Geber hat Gott lieb« (2. Korinther 9,7), und ich denke, ein solcher Geber wird auch von anderen »lieb gehabt«. Das Leben auf der Straße ist wirklich hart, zumindest im Winter, wahrscheinlich härter als der Alltag, in dem du steckst. Vielleicht gelingt es dir deshalb, zumindest ein Lächeln zu schenken. Denn es macht einen großen Unterschied, ob du den Blick senkst oder die Straßenseite wechselst, jemanden also bewusst ignorierst und ihm ausweichst, oder ihn kurz ansiehst und ihm zunickst. Du kannst ihn als Mensch wahrnehmen und ihm einen guten Tag wünschen, freundlich sein, auch, ohne Geld zu geben. Denn damit schenkst du dem Bettler Beachtung und Respekt – eine ganz andere Währung, aber kein geringerer Wert als der Euro, um den du gebeten wirst.

Also, du kannst und musst nicht das Leid der Welt alleine beseitigen, dafür kam Jesus auf diese Welt. Wenn du mit Geld gesegnet wurdest, gib fröhlich einen Teil davon weiter und werde noch fröhlicher. Hast du nichts übrig, mach dir kein schlechtes Gewissen, sondern sei trotzdem fröhlich und gib ein Lächeln weiter; denn Liebe wird immer größer, wenn man sie verschenkt!

Wenn du etwas ganz Besonderes erleben willst, sei es im Advent, sei es zu anderen Jahreszeiten, aber vielleicht besonders im Advent, tu doch mal etwas Verrücktes: Lade einen Bettler auf eine Pizza ein – komm ins Gespräch ...

MANDY

16 *Nikolaus des Jahres*

Jojo rief an. Irgendwann gegen halb zwölf. Nachts. Ich glaube, er war ein bisschen angetrunken.

Er erzählte mir umständlich, dass er von Meg, seiner neuen Flamme, total enttäuscht sei, weil sie die neue »Klimt«-Ausstellung in Wien nicht mit ihm angucken wolle. Vor allem die Zeichnungen müsse man doch gesehen haben. Jetzt im Jubiläumsjahr. So eine Kultur-Banausin. Und auch sonst …

Ich sagte gähnend: »Jojo. Es ist gleich Mitternacht. Hat dein Anruf einen Grund, oder brauchst du einfach nur jemanden zum Schwätzen? Ich hab morgen nämlich einen ›anstrengenden Tag‹ vor mir.«

Da prustete er so ins Telefon, dass ich Angst hatte, seine Spucke käme aus meinem Hörer. »Du, einen ›anstrengenden Tag‹? Am Samstag? Soll das ein Witz sein? Hallo? Kai, du bist doch Student. Der ewige Student. Und mit deiner erträumten Schriftstellerkarriere ist es auch nicht weit her …«

»Weißt du's?«

»Ja!«

Recht hatte er. Leider. Ich hielt mich mit mageren Jobs und VHS-Kursen knapp über Wasser, ging ab und zu lustlos in irgendwelche kryptischen Anthropologie-Vorlesungen und wusste zurzeit auch sonst nicht genau, was ich mit meinem Leben anfangen sollte. Und ich hatte bislang tatsächlich noch keinen Mumm gehabt, irgendjemandem meine Texte zu zeigen, geschweige denn: anzubieten.

Kurz gesagt: Es lief gerade nicht wirklich prickelnd. Vor allem, was Frauen anging – das absolute Lieblingsthema von Jojo –, gab es meinerseits einfach nichts zu erzählen. Weil nichts passierte.

Ich war eben zu schüchtern. Oder zu »bekloppt«, wie mein nerviger Freund sagen würde.

»Ich bin echt müde. Also, was kann ich für dich tun?«

Jojo nahm hörbar einen Schluck aus einer Flasche.

»Ich tu was für dich. Die Stadthalle ist doch bei dir um die Ecke. Oder nicht?«

»Ja, wieso?«

»Ich habe gerade im Internet gesehen, dass die da morgen ein großes Nikolaus-Casting machen. Und du müsstest von der Weihnachtsfete letztes Jahr doch noch dieses verfilzte Kostüm im Keller haben. Mach da mit!«

»Was? Spinnst du? Nikolaus-Casting? Ich mach mich doch nicht zum Affen. Warum, bitte, sollte ich da teilnehmen?«

»Weil der Gewinner 1000 Euro bekommt. Das Ganze ist im Rahmen eines großen Familien-Aktions-Tages, ›Happy Advent‹. Und der wird von einem fetten Mineralwasser-Konzern gesponsert. Ist ja auch egal. Meg und ich kommen und feuern dich an.«

»Ich glaube eher, dass ihr mich filmt und ich ab Sonntag die Lachnummer bei YouTube bin.«

»Vertraust du mir denn nicht?«

»Ehrlich gesagt: Nein!«

Es wurde ruhig im Hörer. Dann flüsterte Jojo mit rauer Stimme: »Das trifft mich jetzt total. Ich meine: Ich überlege, wie ich dir helfen kann, und du … du beleidigst mich. Ich dachte, wir seien Freunde. Das dachte ich wirklich! Oh Mann, ich weiß gar nicht … das tut weh … das tut richtig weh ... Sag mir, dass das nicht wahr ist. Erst will Meg nicht mit mir zu Klimt, und dann erklärt mir mein bester Freund, dass er mir nicht … dass er mir nicht vertraut. Was ist denn das für eine beschissene Welt? Wo einem nicht mal mehr ein Freund … wo Freundschaft überhaupt nichts mehr zählt …«

Jojos Worte wurden immer leiser. Gingen nahtlos in ein Schluchzen über. Bis ich irgendwann sagte: »Ist ja gut. Ich mach's.«

Sofort klang seine Stimme wieder hell und fröhlich. »Super. Das freut mich total. Und geil, dass du immer wieder auf diese Mitleidsnummer reinfällst. Allerdings habe ich dich ohnehin schon angemeldet. Mit dem Foto von der Party. Du weißt schon, das mit dem umgekippten Hefeweizen. Du sollst dich um 14 Uhr am Bühneneingang melden – und um 15 Uhr geht es dann los. Da gibt es irgendeine Sabrina. Das ist deine Ansprechpartnerin. Ach ... und von den 1000 Euro krieg ich was ab. Bin ja jetzt quasi dein Manager. Bis morgen.«

Er legte einfach auf. Klasse.

Da ich tatsächlich nichts zu verlieren hatte, wühlte ich am Morgen schlecht gelaunt mein garstiges Nikolausgewand aus einer alten Umzugskiste, lüftete es wegen des muffigen Geruchs auf dem Balkon drei Stunden lang durch (was nicht wirklich half) und stand dann um kurz vor zwei am Bühneneingang.

Kai, der Nikolaus.

Oh je.

Um mich herum wuselten zwischen Müllcontainern und verkratzten Transportkisten etwa 50 andere Nikoläuse durcheinander. Grotesk.

Es war ein wahrhaft absurdes Ensemble: Dicke, schmale, pickelige, große, kleinwüchsige, jugendliche und fast zerfallene Männer in meist billigen roten Kutten und mit verfilzten Bärten aus Puderzuckerwatte musterten mich, den Neuankömmling, mit neugierigen Blicken. Beziehungsweise: mit ziemlich böser Miene. So eine spannungsgeladene Atmosphäre hatte ich schon lange nicht mehr erlebt. Einige liefen nervös hin und her, mit verkniffenen Gesichtern, als ginge es bei diesem bescheuerten Casting um den Nikolaus-Nobelpreis. Viele musterten die Konkurrenz geringschätzig oder ließen sich von ihren Begleitern letzte Tipps geben. Und andere schienen sich noch einmal ganz inniglich in ihre Rolle hineinzumeditieren. Zumindest hatten sie die Augen geschlossen oder schauten betreten zu Boden.

Ich fühlte mich fehl am Platz. Zudem war mir schweinekalt, weil ich unter dem roten Mantel nicht noch meine Winterjacke hatte anziehen wollen.

Einen kurzen Moment überlegte ich, ob ich nicht einfach wieder verschwinden sollte. Umdrehen und weg. Schwupps. »Nikolaus-Casting«. So ein Unsinn. Noch konnte ich unbemerkt abhauen.

Aber dann trat diese Sabrina auf die Rampe. Und die war … nun, um es kurz zu machen … die war es wert, zu bleiben. Wirklich. Eine äußerst wohlgeformte, dunkelhaarige Lady mit einem kleinen niedlichen Nasenpiercing.

»Na, vielleicht wird der Tag ja doch nicht so schlecht«, durchfuhr es mich.

Sabrina führte uns nach der offiziellen Begrüßung alle durch einen langen Gang in einen weiten, schweißgetränkten Umkleideraum und erklärte uns dort geduldig die Regeln des Wettbewerbs – und den weiteren Ablauf.

Wir würden alle zuerst von ihrem Assistenten (ich glaube: Berti) eine große grüne Nummer bekommen, die wir uns auf die Brust heften mussten, damit uns der Moderator und das Publikum, das bei diesem Casting die Rolle der Jury innehatte, auf der Bühne auch auseinanderhalten konnten.

Anschließend sollte es vor allem darum gehen, in verschiedenen Spielen unsere einzigartigen Qualitäten als Nikolaus zu beweisen. Dazu gehörten unter anderem so geistreiche Wettbewerbe wie Ho-Ho-Ho-Rufen, Niko-Talk mit Kindern (inklusive der Pflichtfrage »Warst du auch schön artig?«), »Durch-einen-Pappmaschee-Kamin-klettern«, »Geschenke-in-einen-großen-Schuh-Werfen« und »Rentierschlitten-Steuern«.

In jeder Runde würde rund die Hälfte der Teilnehmer ausscheiden, bis nach einem bombastischen Finale gegen 17 Uhr der Sieger feststand.

Dem erlauchten Gewinner winkten, wie angekündigt – der Assistent hielt einen großen Scheck in die Luft –, 1000 Euro.

Und der ehrenvolle Titel »Nikolaus des Jahres«. Den hatte sich die Mineralwasserfirma offiziell schützen lassen.

Sabrina lächelte charmant, als sie die Preise verkündete. Mir wurde warm ums Herz. Und die Nikoläuse um mich herum nickten eifrig.

Doch plötzlich warf einer ein dunkles »Warum?« in den Raum. Wir alle drehten uns erstaunt um, weil die Frage störend in der Luft hing.

Nur Sabrina blieb cool: »Da will jemand noch etwas wissen?«

Erstaunlich.

Dieser Jemand war mir draußen gar nicht aufgefallen. Dabei hätte ich ihn garantiert bemerkt, also: wenn er dagewesen wäre. Er trug nämlich nicht wie die anderen Kandidaten ein rotes Coca-Cola-Kostüm, sondern ein eher gräuliches, togaartiges Gewand mit herunterhängenden Ärmeln. Auf seinem Kopf thronte statt der Nikolausmütze mit Bommel ein ziemlich gut gemachter Bischofshut, eine Mitra, und ich hätte schwören können, dass sein Bart echt war. Oder zumindest war das Gezottel eine exzellente Imitation. Komischer Kauz. Irgendwie unpassend.

Der Mann, dessen Alter ich nur schwer bestimmen konnte, fragte ruhig: »Warum sollen wir all diese merkwürdigen Spiele machen? Diese Kaspereien? Die haben doch mit dem echten Nikolaus überhaupt nichts zu tun. Nikolaus war schließlich ein heiliger Mann, einer, der …«

Sabrina unterbrach ihn. Sanft. Aber nachdrücklich. »Du hast natürlich recht. Wir haben hier bei unserem Casting eher den Nikolaus im Blick, wie er heute in der Werbung dargestellt wird. Denn das ist nun mal die Nikolausfigur, die den Menschen des 21. Jahrhunderts vertraut ist: der rote Geschenke-Bringer auf seinem knalligen Rentierschlitten. Außerdem: Es geht heute bei uns ja vor allem um den Spaß. Das Ganze ist ein großes Familienfest. Wir machen hier Unterhaltung. Kein theologisches Seminar.«

Der Mann war noch nicht zufrieden. »Da in der Halle sind – ich schätze mal – 1000 oder 2000 Leute. Lauter junge Familien.

Mit vielen Kindern. Wäre es da nicht fair, gerade ihnen von einer besonderen Persönlichkeit zu erzählen, die anderen so gerne existenziell Hilfe leisten wollte? Von einem Glaubenden, der voller Herzblut für die Bedürftigen da war? Dem die Not der Menschen so sehr zu Herzen ging, dass er sich über die Maßen engagierte? Der Geschenke nicht machte, um den Konsum anzukurbeln, sondern weil er es nicht ertrug, dass andere leiden mussten … ?«

Sabrina wirkte ganz kurz ein wenig unwirsch. »Du wirst lachen, ich habe das dem Teamleiter unseres Hauptsponsors auch kurz vorgeschlagen. Aber er wollte nicht irgendeinen ›vergessenen Bischof aus der Türkei‹, sondern den beliebten und unkomplizierten Kinder-Nikolaus krönen. Insofern liegt das nicht in der Hand unserer Event-Agentur ... Wenn es jetzt keine weiteren Fragen mehr gibt, macht euch bitte bereit. Der erste Wettkampf beginnt in … genau 12 Minuten.«

Der Typ im antiken Gewand schied schon in der ersten Runde aus. Die Kinder lachten nur, als er ein lustloses »Ho-Ho, Ho-Ho« ins Mikrofon nuschelte. Ich glaube, er bekam fast gar keine Stimme. Ich dagegen sprang mit einem sonoren, ziemlich rotzigen Nikolaus-Ruf, auf den selbst Bruce Willis stolz gewesen wäre, direkt in die nächste Runde, in der jetzt nur noch 24 Kandidaten gegeneinander antreten mussten. Na also, es ging doch.

Während der kurzen Pause vor dem zweiten Wettbewerb setzte ich mich neben die weiße Gestalt, die ein wenig verloren auf dem Treppenaufgang zur Bühne hockte. Ich stieß ihn freundschaftlich in die Rippen.

»Hey, tut mir leid für dich. Ich finde deinen Ansatz eigentlich ziemlich gut. Der wahre Nikolaus – und so. Übrigens: Ich bin Kai.«

»Klaus.«

Er hielt mir die Hand hin. »Macht nichts. Ich hatte gar kein Interesse, das Casting zu gewinnen.«

»Ach! Weswegen bist du dann hier?«

Da schaute er mich von der Seite verschmitzt an und sagte: »Du wirst es nicht glauben: wegen dir.«

»Nächster Auftritt, Kai«, rief Sabrina von der Seite. Und das Scheinwerferlicht von der Bühne durchleuchtete ihre Bluse so kräftig, dass mir ganz anders wurde. Deshalb schaute ich Klaus nur unverständlich an und lief dann nach vorne. Wobei ich sagen muss: Die zweite Runde war auch keine große Herausforderung. Jedenfalls nicht für mich. Ich habe früher viele Jahre Jugendarbeit gemacht und habe deshalb ein wenig Ahnung, wie man mit Kindern umgeht.

Vor mir stand, beleuchtet vom Verfolger, ein sommersprossiges Mädchen mit hochgezogenen Augenbrauen und schaute mich herausfordernd an. Doch als ich sie frech fragte: »Sag mal, warum soll ich dir eigentlich was aus meinem Geschenkesack geben?«, taute sie sofort auf und fing an zu grinsen.

Wir führten einen – für das Publikum – sehr heiteren Dialog über die guten Taten, aber auch über die Ecken und Kanten der kessen Kleinen, die übrigens Olivia hieß, sodass ich sogar die Frage »Warst du schön artig?« pädagogisch wertvoll und entspannt unterbringen konnte. Am Ende stand Olivia mit leuchtenden Augen vor mir und bat mich mit flehendem Gesichtsausdruck, ihr endlich ein Geschenk zu geben. Was ich natürlich gerne und mit einer theatralischen Geste tat. Ich wirkte die ganze Zeit väterlich, würdig und sympathisch zugleich. Kein Wunder, dass das Publikum mich mit tosendem Applaus in die nächste Runde wählte.

Jetzt waren wir noch zwölf Kandidaten.

Als ich anschließend kurz mal zur Toilette ging, musste ich unwillkürlich grinsen: Der weiße Klaus stand dort schon am Pissoir. Mit hochgezogener Kutte. Und hochkonzentriert. Als müsse er das Zielen noch üben.

»Wie hast du das gemeint: Du bist wegen mir hier?«, fragte ich ihn.

Er zuckte mit den Achseln. »So, wie ich es gesagt habe. Und jetzt pass auf. Du gehst gleich zu Sabrina und erklärst ihr, dass du ein kleines Problem hast. Besser gesagt: ein sehr ernstes Problem. Und zwar … genau: Du musst auf dem Parkplatz dringend einen neuen Parkschein ziehen, weil der alte gerade abgelaufen ist. Sie soll dich bitte fünf Minuten vor dem nächsten Auftritt anrufen. Damit du auch auf jeden Fall pünktlich bist.«

»Was? Warum sollte ich das tun? Ich bin mit der Bahn hier.«

Der weiße Nikolaus sah mich mitleidig an: »Weil du dann ihre Handynummer hast, du Anti-Casanova. Und weil du sie dann morgen anrufen kannst. Mann, so was will ›Nikolaus des Jahres‹ werden. Ich fass es nicht. … Ja, los, jetzt mach schon.«

Ich war völlig durcheinander – doch als zwanzig Minuten später tatsächlich mein Handy klingelte und Sabrinas Nummer auf meinem Display erschien, durchzog mich eine kleine Welle der Glückseligkeit.

Runde drei war eher haarig. Nach meinem Empfinden. Der Pappmaschee-Kamin, durch den wir klettern sollten, erwies sich nämlich als eng und glitschig. Jedenfalls ziemlich ungeeignet, um darin eine gute Figur zu machen.

Und wirklich: Zwei Kandidaten vor mir waren schon mit lautem Gepolter nach unten gekracht. Und einer hatte sich sogar den Fuß verknackst. Na großartig.

Ich, die Sportskanone.

Mit flauem Gefühl stieg ich auf die Leiter. Nach oben. Da, Spot auf mich …

Ich glaube inzwischen, dass das Winken mich gerettet hat. Ja, als ich gerade dabei war, einen Abgang zu machen, und mich kaum noch halten konnte, kam ich auf die Idee, dem Publikum noch einmal kräftig zuzuwinken. So, dass nur noch die Hand aus dem Schornstein schaute.

Erst ein Winken, dann ein Victory-Zeichen. Es gab einen kräftigen Lacher und spontanen Szenenapplaus.

Dass ich etwas verunglückt auf der Turnmatte ankam, spielte da gar keine große Rolle mehr. Ich war weiter. Sehr ordentlich. Jetzt waren nur noch sechs Kandidaten im Rennen.

Diesmal traf ich Klaus am Kandidaten-Büffet, wo er sich gerade ein großes Mett-Brötchen genehmigte. Ich selbst holte mir einen Schoko-Muffin und stellte mich neben ihn.

»Was bist du eigentlich für ein Kerl. Ich meine: Wieso kümmerst du dich darum, dass ich Sabrina den Hof machen kann?«

Er grinste mit vollem Mund. »Na, du brauchst ja offensichtlich ein bisschen Nachhilfe. Und der Nikolaus war schon vor rund 1700 Jahren der Meinung, dass ein Mensch, der etwas von Gottes Liebe verstanden hat, gar nicht anders kann, als anderen zu helfen.«

»Du bist echt schräg.«

Klaus deutete mit dem Brötchen auf mich. »Ich bin noch viel schräger. Pass mal auf. Ich kenn da einen Verlag, der sucht adventliche und weihnachtliche Geschichten für einen Sammelband. Mein Tipp: Schick denen doch mal was von dir.«

Mir blieb der Bissen im Hals stecken. »Bist du Hellseher oder so was? … Na … also, eigentlich eine gute Idee. Ziemlich gut sogar. Nur: Ich hab … gar keine Texte mit … äh, weihnachtlichen Themen.«

Da deutete er eine kleine Verbeugung an. »Dann schreib einen. Weißt du was, erzähl denen doch einfach die Geschichte von unserem gemeinsamen Casting. Ich meine: ›Nikolaus des Jahres‹ – das klingt doch nach einer guten und verrückten Geschichte.«

»Kai! Bist du fertig für ›Geschenke-in-einen-großen-Schuh-Werfen‹?« Sabrina schaute mich fragend an. Und ich hätte sie am liebsten sofort geküsst. So gut gefiel sie mir.

Als ich nach diesem Spiel von der Bühne kam, war Klaus nicht mehr da. Und ich habe ihn auch später nicht mehr gefunden. Wie vom Erdboden verschwunden.

Was soll ich sagen: Ich bin Vierter geworden.

Das war aber gar nicht schlimm.

Denn in der Woche drauf – und fragt mich nicht, wie ich das geschafft habe – fand ich irgendwann so viel Mut in mir, dass ich Sabrina tatsächlich angerufen und mich mit ihr verabredet habe. Für heute Abend. Puh, bin ich aufgeregt. Mann, hoffentlich versaubeutel ich das nicht.

Obwohl: Diesmal könnte ich es schaffen.

Das Komische ist: Ich habe gestern Jojo besucht, weil ich mich bei ihm für die schräge Idee bedanken wollte. Auch wenn er beim Wettbewerb selbst gar nicht aufgetaucht war. Natürlich nicht.

Doch er hat mich angeschaut wie ein Comic-Nilpferd.

»›Nikolaus des Jahres‹? Wovon redest du überhaupt? Geht's dir nicht gut?«

»Na hör mal«, hab ich gesagt, »du hast doch bei mir angerufen und mir gesagt, ich solle mich gefälligst bei diesem Casting bewerben.«

Mein Freund zog eine Grimasse. »Auf keinen Fall. Wann soll denn das gewesen sein?«

»Am Freitag! Mitten in der Nacht. Also: Zumindest kurz vor Mitternacht.«

Jojo schüttelte den Kopf. »Garantiert nicht, da hab ich den ganzen Abend mit Meg die Reise nach Wien geplant – zur ›Klimt-Ausstellung‹. Die wollen wir uns unbedingt anschauen. Vor allem die Zeichnungen muss man doch gesehen haben. Jetzt im Jubiläumsjahr. Du willst mich veräppeln, oder? Andererseits könnte es natürlich sein, dass ich da ein Glas Wein zu viel getrunken habe. Trotzdem, das hätte ich mir gemerkt.«

Jetzt weiß ich gar nichts mehr.

Vielleicht kann mir Sabrina sagen, wer dieser weiße Nikolaus war. Dieser Klaus. Der muss ja auf ihrer Liste stehen.

Obwohl …

FABIAN VOGT

17 *Das Ziel erreichen*

Die Adventszeit ist jedes Mal neu eine wichtige Zeit der Erinnerung für mich. Ich weiß noch sehr gut, wie im Advent 1992 mein Blick auf Jesus ausgerichtet wurde. Damals habe ich eine Einladung zu einer »Jesus Geburtstagsparty« von zwei Hippie-Punks bekommen. Die Party sollte am 24. Dezember ab 22 Uhr stattfinden, und eigentlich wollte ich da nicht hin … wer will schon mit Hippie-Punks feiern? Aber dann kam es anders, und ich fand mich irgendwo im Norden von Hamburg wieder und hatte meinen ersten Kontakt mit ein paar Jesus Freaks. An diesem Abend habe ich das gefunden, was ich immer vermisst hatte – einen Gott, der mein Freund ist, in jeder Lebenslage. Anschließend bin ich nach Hause gelaufen mit dem Gefühl, zum ersten Mal ein Ziel für meinen Lebensweg entdeckt zu haben. Ich war auch vorher schon in einer freikirchlichen Gemeinde, in der ich regelmäßig den Gottesdienst besuchte. Aber an diesem Abend wurde mir zum ersten Mal bewusst, was Gott eigentlich wirklich von mir möchte.

Kurz vor dieser Advents- und Weihnachtszeit 1992, die eine echte Zäsur in meinem Leben bedeutete, hatte ich meinen Führerschein gemacht. Meine erste Fahrstunde absolvierte ich auf der Landstraße. Rückblickend stelle ich für mich fest, dass schon während dieser ersten Fahrstunde mein Fundament für meinen Weg mit Gott gelegt wurde – wusste ich damals natürlich noch nicht, wurde mir aber später, nachdem ich bei den Jesus Freaks verschiedenste Bereiche aufgebaut, geleitet und begleitet hatte, deutlich bewusst. Denn damals lernte ich die vielleicht entscheidende Wahrheit für meinen Weg mit Jesus.

Ich fuhr während meiner ersten Fahrstunde auf besagter Landstraße gekonnt Schlangenlinien und war im totalen Stress, weil ich mehr oder weniger jeden Baum wie gebannt anstarrte. Mein Fahrlehrer brachte mir dann mit einem Satz eine der wichtigsten Lektionen meines Lebens bei: »Augen nach vorne! Du fährst immer dahin, wo du hinschaust!« Er machte mir klar: Verlier das Ziel nicht aus den Augen, dann eierst du auch nicht rum!

Seit diesem Weihnachtsfest 1992 habe ich ein Ziel für meinen Lebensweg. Bestimmt haben mich bis dahin die Umstände, die täglichen Leidenschaften und Hoffnungen – aber nichts, was darüber hinausgeht, keine Idee vom großen Ganzen! Nicht, dass wir uns falsch verstehen: Unser Alltag und die Umstände sind ja an sich nichts Schlechtes, sie gehören zu unserem Leben dazu. Noch mehr, sie machen unser Leben aus. Ein Satz, den ich irgendwann mal auf einer Speisekarte in einem Restaurant gelesen hatte und der einfach bei mir hängen geblieben ist, gibt das ganz gut wieder: »Es sind nicht die großen Momente, die das Leben besonders machen, sondern die vielen kleinen und schönen Momente und Gegebenheiten, die sich wie Perlen auf einer Kette aufreihen.« Und trotzdem, wenn ich mich nur von meinem Alltag und den Umständen lenken lasse, habe ich keinerlei Sicherheit auf meinem Weg.

Die Adventszeit ist bekanntlich die Zeit, in der wir uns auf die Ankunft von Jesus vorbereiten. Manchmal machen wir uns ja in all dem Konsumkram und Trubel tatsächlich bewusst, dass es eigentlich um Jesus geht – dass Gott letzten Endes sein Versprechen wahr gemacht und uns nicht im Stich gelassen hat. Gerade Weihnachten können wir unseren Blick wieder bewusst auf Jesus richten, und uns wird klar, zumindest geht es mir meistens so, dass Gott alles in der Hand hat und keine Fehler macht, egal, wie aussichtslos die Situation erscheint! Auf diese Hoffnung habe ich meine inneren Augen, meine Gedanken ausgerichtet, und dadurch bleibe ich auf dem richtigen Weg.

Meistens wenigstens … Denn ganz so einfach ist das ja nicht immer. Bei uns allen durchläuft das Leben ganz verschiedene Phasen. Mal erscheint es wie eine einzige Party, und alles läuft glatt:

Arbeit, Familie, Gemeinde, und wir wissen kaum, wohin mit all dem Glück. Und dann gibt es die anderen Phasen, wenn unsere einzige Hoffnung die ist, dass dieser Tag schnell vorübergeht, weil wir uns kaum auf den Beinen halten können. Irgendwo zwischen diesen beiden Extremen befinden wir uns eigentlich immer.

Ich habe beides schon intensiv erfahren. Es gab Zeiten, in denen ich vor Angst und Stress Blut erbrochen habe, und es gab Zeiten, in denen ich spüren durfte, wie Gott mein Leben segnet und alles, was ich anfasste, sich quasi in Gold verwandelte. Dieses Hin und Her gehört dazu. Es gibt niemanden, der immer auf der Sonnenseite des Lebens wandelt – genauso wenig wie es niemanden gibt, der nur im Schatten laufen muss. Und beides hat ja auch seine Berechtigung: So ganz ohne Herausforderungen würden wir niemals wachsen und stark werden.

Wie auch immer, der Weg ist nicht das Entscheidende, sondern das Ziel. Gott kann mit uns auf krummen Wegen genauso gut laufen wie auf geraden. Die große Frage lautet also nicht, wo wir momentan stehen, in welcher Phase wir uns befinden; die große Frage lautet: Werden wir das Ziel erreichen? Und dafür ist es immanent wichtig, seinen Blick auf das Ziel gerichtet zu haben.

Natürlich geschah der gesamte Blickwechsel bei mir nicht von heute auf morgen. Alles braucht seine Zeit. Aber es beginnt mit einem ersten Schritt. Ich konnte diese Veränderung bei mir nicht selber machen, und Sie können das auch nicht. Zu viele, die ich kenne und die immer noch Schlangenlinien und Achterbahn in ihrem Leben fahren, probieren das aus eigener Kraft. Aber das Entscheidende ist, dass es Gott ist, der unsere Gedanken verändern möchte und auch kann, wenn man ihn lässt. Und dann kommt interessanterweise der ganze Rest von alleine.

Mein Wunsch in dieser Adventszeit wäre dieser: dass wir neu lernen, unsere Augen nicht auf die Umstände des Lebens zu richten, sondern auf das Ziel. Denn wir werden dahin laufen, wohin unser Blick gerichtet ist. Wir werden dort landen, wo wir hinschauen.

Gehen Sie doch bewusst durch die Tage der Adventszeit. Schauen Sie auf das, was Gott durch Jesu Geburt angestoßen hat. Was möglich wurde. Dass dieses Baby, dessen Geburt wir feiern, im Grunde eine Liebeserklärung Gottes an die Menschheit im Allgemeinen und an Sie persönlich im Speziellen ist. Wir dürfen uns entspannt zurücklehnen und es uns von ihm mal wieder zusagen lassen: »Ich liebe dich! Ich finde dich absolut perfekt und habe einen wundervollen Plan für dein Leben. Ich bin bei dir!« Eine adventlich-weihnachtliche Erfahrung die ich jedem wünsche! Besonders Ihnen.

MIRKO SANDER

18 *Das Risiko*

Als Gott die Erde, die Meere, die Pflanzen und Tiere geschaffen hatte und sich gerade mit einem Bananenblatt etwas kühle Luft zufächelte, sagte er: »Tja, es ist zwar alles schön und gut, aber irgendetwas fehlt da noch ...«

»Wieso?«, fragte Raguel, einer der Schöpfungsengel, der gerade mit einem Farbtopf und einem Pinsel beschäftigt war, einen Papagei bunt anzumalen. »Es ist doch alles da: ein blauer Himmel mit Wolken, Regen und Sonne, Sand und Erde, Eis und Hitze, Bäume, Sträucher und Blumen, Vögel, Mäuse und Eichhörnchen und sogar ganz wilde Tiere wie die Tiger oder die Krokodile ...«

»Das stimmt schon«, meinte Gott, verschränkte die Arme hinter seinem Rücken und ging auf einer blumigen Himmelswiese auf und ab. »Es ist wirklich gut geworden, und manchmal muss ich fast lachen, wenn ich die dicken Hummeln sehe, die durch die Gegend torkeln und eigentlich viel zu schwer zum Fliegen sind, oder die Frösche, die sich so aufblähen können! Wirklich, direkt originell und irgendwie gleichnishaft. Aber trotzdem ...«

»Vielleicht sollten wir einmal richtig große Tiere erschaffen«, meinte der Engel, »Tiere mit gewaltigen Körpern, dicken Schuppen und so. Wahre Ungeheuer, die den Boden erzittern lassen, wenn sie gehen.«

Gott nickte. »Ja, das sollten wir einmal probieren.« Und so entstanden die Dinosaurier und bevölkerten die Erde, und der Boden zitterte, wenn sie durch die Gegend rannten. Aber so richtig neu waren diese Kolosse auch nicht, und sie verschwanden im Laufe der Zeit und bis heute rätselt man herum, warum es sie nicht mehr gibt.

Ein paar Jahre später trafen sich Gott und ein paar Engel auf der Himmelswiese wieder, und Gott sagte: »Ich habe euch herbestellt, damit wir etwas besprechen können. Die Schöpfung ist wirklich gut, aber irgendetwas fehlt leider immer noch. Sicher, die Idee von Raguel mit diesen großen Echsen war nicht schlecht, aber sie hat sich inzwischen totgelaufen. Ich bin sicher, dass immer noch etwas Entscheidendes dazukommen muss.«

»Es müsste etwas ganz Neues sein«, überlegte Raguel, »das aber trotzdem zu dem Bisherigen passt.«

»Ja, es müssten Wesen sein«, fuhr Gott fort, »die euch Engeln gleichen und die ich auf der Erde zurücklassen kann, damit sie immer nach dem Rechten sehen und meine Schöpfung bewahren.«

»Aber Engel gibt es doch schon!«, rief ein Engel.

»So ist es«, nickte Gott. »Es müsste also etwas Engelähnliches sein, das aber trotzdem zur Erde gehört ...«

Er wurde stumm, und eine kreative Ruhe senkte sich auf die Schöpfung. Plötzlich rief Gott: »Ich hab's! Wir erschaffen Wesen, die meinen Geist in sich tragen und in ihrem Inneren wie Engel sind, aber wir geben ihnen einen Körper, der mehr den Tieren ähnelt, mit Muskeln und Blut, hohen und tiefen Stimmen, mit kräftigen Zähnen, einem Magen, einem Herz, einer Lunge, mit Haut und Haaren, also: das irdische Muster, das sich hier ständig wiederholt. Auf diese Weise passen sie genau auf diesen speziellen Planeten. Und trotzdem wäre diese Mischung etwas vollkommen Neues. Also, meine Lieben, lasst uns Menschen machen, die uns innerlich ähnlich sind und gleichzeitig einen irdischen Körper haben. Was haltet ihr davon?«

Die Engel schwiegen verblüfft. Auf so eine Idee wären sie selber nie gekommen. Ein Mischwesen, das genau zwischen Engel und Tieren lag. Kein richtiges Tier, aber auch kein richtiger Engel, ein Engeltier, ein ... Mensch.

Da meldete sich ein großer, leuchtender Engel: »Ich habe da meine Zweifel, Gott, ob das gut wäre. Wenn solche Wesen mit

Geist und Verstand böswillig werden, könnten sie dann nicht die gesamte Schöpfung zerstören?«

»Ja, das könnten sie«, seufzte Gott. »Und ich werde ihnen deshalb immer wieder meinen Geist schicken müssen und ab und zu ein Stück Wahrheit, damit sie sich selbst erkennen, sich besinnen und nicht das Schlimmste tun. Und ich fürchte, ich werde später noch mehr tun müssen, um sie vor dem Bösen und ihrer eigenen Dummheit zu retten, aber das hat noch Zeit.«

Er sah die Engel ernst an. »Es wäre ein Risiko, das gebe ich zu, aber es würde doch dem Ganzen die Krone aufsetzen, oder nicht?«

Und Gott erschuf den Menschen nach seinem Bild, als Mann und Frau schuf er sie und segnete sie. Und er sah an alles, was er gemacht hatte, und siehe, es war sehr gut.

Ja, es ging tatsächlich eine Zeit lang gut. Die Frauen bekamen dicke Bäuche und gebaren Kinder und wussten nicht, weshalb. Bis jemand merkte, dass es mit den schönen Spielen zusammenhing, die man nachts im Zelt unter den Decken spielte. Die Menschen entdeckten die Erde und ihre Geheimnisse. Sie probierten die Kräuter und Früchte aus, sie entwickelten Appetit oder mussten spucken, andere konnten mit der Zeit Feuer machen und entdeckten die Gemütlichkeit, wenn man davorsaß. Sie machten aus hohlen Baumstämmen Trommeln und erfanden den Tanz, ganz Mutige schnitzten aus Baumstämmen Boote und wagten sich auf das Meer. Jemand drehte einen Darm so lange, bis eine Saite daraus wurde, die nach Musik klang, ein anderer blies in einen hohlen Ast und erfand die Flöte.

Es gab Steine, die weich waren und mit denen man auf Felswände zeichnen konnte.

Einer warf bestimmte, glitzernde Felsbrocken ins Feuer und sah, dass Metall herausfloss. Die Leute staunten und machten sich daraus Töpfe und Pfannen, Schmuck und auch Speerspitzen und Messer.

Die Speerspitzen und die Messer benutzten sie zum Jagen, bis irgendjemand auf die Idee kam, seinen Nachbarn, den er nicht leiden konnte, vorzeitig sterben zu lassen.

Eine Frau hatte entdeckt, dass ein Fruchtsaft anfing zu perlen, wenn man hineinspuckte und ein paar Tage wartete. Das Zeug schmeckte scheußlich, aber es machte auch lustig. Manche wurden davon aber auch wütend und griffen zu ihren Speeren, um aufeinander Jagd zu machen.

Der Menschenbaum verzweigte sich immer mehr. Es gab dunkelhäutige Gesichter mit blitzenden Zähnen und hellhäutige, bei denen die Kinder weiße Haare hatten wie Greise. Ganze Gruppen wurden unruhig und zogen ruhelos umher, bis sie eine neue Heimat fanden, und dann wollten sie dort für immer bleiben und begannen, Häuser und Städte zu bauen. Jemand kritzelte auf Tonscherben ein paar Zeichen, damit er beim Einkaufen nichts vergaß. Die Tonscherben mit den Kritzeleien wurden immer mehr, und man begann, auf Tierhäute zu schreiben.

Ein Ehepaar begann über alles nachzudenken, indem es beschriebene Tierhäute, Flöten, Trommeln, Saiteninstrumente und Malereien sammelte und mit anderen darüber diskutierte.

Es gab viele schöne Sachen, während der Menschenbaum sich verzweigte, aber es gab auch die Streitereien mit den Speeren und den Messern, die immer schärfer wurden.

Und allmählich gab es kein richtiges Gleichgewicht mehr zwischen der Schönheit und der Freude und dem Hässlichen und dem Hass. Der Hass wurde immer größer. So war das eigentlich nicht gedacht. Es musste was passieren.

Da fasste Gott den Entschluss, selber Mensch zu werden, um zu sehen, wie man die verdorbenen Früchte des Baumes wieder in gute verwandeln könnte. Als Gott damals wie ein Kind auf die Erde kam, waren die Leute zunächst begeistert, dass er Kranke heilte und staunenswerte Dinge sagte. Aber die Leute, die von den Speerleuten abstammten, fanden Gott nicht gut. Er störte ihre Kreise. Und so brachten sie ihn um. Aber sie hätten wissen müssen, dass man Gott nicht wirklich umbringen kann. Der Tod hatte sich an Gott den Magen verdorben und musste ihn wieder ausspucken. Und diese Tragödie wurde nun zu einem Triumph. Gott hatte das Böse und den Tod von innen her überwunden, und seitdem konnte man wieder in Frieden mit ihm leben und sich von seinem Geist und der Wahrheit beeinflussen lassen.

Das Fest seiner Menschwerdung feiert man übrigens bis heute, und zwar genau in der Winterzeit, wenn es draußen kalt und dunkel wird. Dann erinnern sich die Menschen an die Ankunft Gottes und was sie bewirkt hat. In den nördlichen Ländern stellte man Bäume in den Zimmern auf und schmückte sie. Man verteilte Geschenke, um sich zu freuen. Jemand erfand den Adventskranz und zündete jeden Sonntag vor dem Fest eine neue Kerze an. Und das Fest verbreitete sich schließlich über die ganze Erde.

Ein Risiko ist der Mensch, dieses seltsame Wesen zwischen Engel und Tier, übrigens immer noch. Man weiß nicht, was er noch alles anstellen wird. Und man kann nur hoffen, dass am Ende alles gut ausgeht.

ALBRECHT GRALLE

19 Einsteigen in die göttliche Rettungskapsel

Jeder möchte, dass Weihnachten perfekt wird. Klar. Dafür braucht es eigentlich auch nicht viel ... ein bisschen Neuschnee, der die Landschaft in eine Märchenkulisse verwandelt (aber nicht zu viel, denn wer will schon glatte Straßen?), Kinder, die artig sind und sich über ihre Geschenke freuen, Verwandte, die lächeln und sich wenigstens an Weihnachten vertragen, und natürlich einen Braten, außen knusprig und innen saftig. Schlecht wäre es natürlich auch nicht, wenn die Bluse, das lang gesuchte Geschenk für die Frau, ausnahmsweise mal die richtige Farbe (und Größe!) hätte. Und, wenn wir schon dabei sind: Wenn endlich ein Gesetz erlassen würde, das Grippe zur Weihnachtszeit verbietet ...

Aber leider läuft es ja nicht immer so, irgendwas geht meistens schief: Das Wetter spielt nicht mit, die Schwiegermutter sagt etwas Unpassendes und zerstört die weihnachtliche Idylle, das Geschenk, das man sorgfältig ausgesucht hat, wird eher lustlos entgegengenommen, und im Hintergrund hört man die Kreditkarte stöhnen unter der weihnachtlichen Belastung.

Vielleicht amüsieren sich die Kinder angesichts der vielen Geschenke etwas, aber für die Erwachsenen bleibt vom Frieden dieses Festes in der Regel nicht viel übrig. Nicht ohne Grund fallen Millionen von Menschen in ein Weihnachtsloch. Dann flüchten sie in den Weihnachtsurlaub nach Bali oder Teneriffa (ob sie dort ankommen, ist angesichts der ganzen Streiks an den Flughäfen noch mal eine andere Frage ...) und manche fallen sogar in ein existenzielles Weihnachtsloch. Die Selbstmordrate ist in dieser Zeit so hoch wie nie.

Auch die erste Weihnacht vor 2000 Jahren verlief wenig idyllisch. Nirgends Glocken. Kein Fest mit Glühweinstimmung. Kein

Tannenbaum. Keine Räuchermännchen. Keine bunten Geschenke. Stattdessen eine Frau, die im neunten Monat schwanger ist und plötzlich vom Finanzamt aufgefordert wird, an ihrem weit entfernten Geburtsort zu erscheinen. Über alle Berge, weit weg vom Hausarzt, ihrer Mutter, dem trauten Heim – nur, um dort mit ihrem Verlobten in einer langen Schlange zu stehen, einige bürokratische Formulare auszufüllen und Steuern zu zahlen.

Und als ob das nicht genug wäre, geht auch noch alles schief unterwegs. Als Maria und Josef in der fremden Stadt ankommen, sind alle Hotels ausgebucht. »Belegt!«, leuchtete ihnen ein Schild entgegen, und zwar von jedem Hotel, zu dem sie sich mühsam durchgefragt haben. Irgendwann findet der frustrierte Josef dann doch noch einen alten Schuppen in irgendeiner Gasse und kann froh sein, dass sie wenigstens ein Dach über dem Kopf haben. Frust pur, die kleine Familie am Ende der Belastbarkeit. Und dann (als ob das nicht genug wäre!), inmitten all des Elends, setzen die Wehen ein. Weit und breit kein Kreißsaal, keine Hebamme, keine Wanne für eine sanfte Unterwassergeburt – sondern nur ein Stall und ein Futtertrog.

Die Umstände, unter denen das erste Weihnachtsfest stattfand, machen schnell deutlich, dass Weihnachten ursprünglich wenig mit süßlichem Plätzchenduft zu tun hat – Braten, Deko und festliche Stimmung spielten damals keine Rolle. Im Gegenteil: Die Umstände, in die Gott kommt, waren durch und durch problembehaftet. Und genau hier liegt auch der Grund, *warum* er in Gestalt seines Sohnes kommt: Jesus will Ordnung ins Chaos dieser Welt bringen. Er ist nicht gekommen, weil es auf Erden so schön heimelig wäre, sondern weil es viel zu retten gibt. Das Wort »Jesus« stammt aus dem Griechischen und entspricht dem Namen Joshua, und das heißt übersetzt: »Gott ist Rettung«.

Erinnern Sie sich noch an das Unglück in Chile, im Juli des Jahres 2011, als eine Mine mit 33 Bergarbeitern einstürzte? Plötzlich saßen die Männer in fast 700 Metern Tiefe fest. Eingeschlossen in Dunkelheit, Angst und Verzweiflung. 69 Tage vergingen, bis sie wieder das Tageslicht sehen konnten. Die Bilder im Fernsehen von der Befreiung werde ich nie vergessen: Jedes Mal, wenn die Rettungskapsel »Fénix« einen Bergmann an die Oberfläche brachte, schrien die Wartenden ihre Freude heraus. Besonders berührend waren die Begegnungen mit den wartenden Angehörigen. Wenn ein geretteter Kumpel seine Liebsten wieder in die Arme schließen konnte, flossen Tränen der Rührung, Tränen, die ein ganzes Land in einen Freudentaumel versetzten. Sirenen heulten, Autos hupten, und unbekannte Menschen fielen sich um den Hals.

Diese Rettungsaktion erinnert mich stark an das, was zu Weihnachten geschehen ist. Genau wie die Rettungskapsel »Fénix« in die Mine geschickt wurde, hat Gott auch uns eine Rettungskapsel geschickt: Jesus. Denn auch wir sind Verschüttete. Auch um uns ist Dunkelheit. Auch wir sind gefangen. Nicht in einer Mine, aber in Schuld; in Unversöhnlichkeit, in Süchten … Jesus kommt auf die Welt, weil diese an ihren Lügen, an ihrer Ungerechtigkeit, an Hass, Neid, an Egoismus und Gier zugrunde geht.

Die Frage ist nur: Steigen wir auch ein in diese göttliche Rettungskapsel? Das ist ja nicht so einfach und offensichtlich wie für die Minenarbeiter. Die meisten Menschen glauben nicht mehr, dass sie gerettet werden müssten. Sie haben sich in der Dunkelheit so weit wie möglich eingerichtet und sind überzeugt, mehr gebe es nicht. Und wieder andere glauben, für sie wäre, so, wie sie sind, kein Raum in der göttlichen Kapsel: Sie müssten erst ordentlich vorbereitet sein, damit Gott zu ihnen kommen kann, sie müssten ihr Leben zuerst in Ordnung bringen. In einem Weihnachtslied heißt es:

»Und wenn du folgst und artig bist,
dann wird erfüllt dein Traum,
dann bringet dir der heil'ge Christ
den schönsten Weihnachtsbaum.«

Aber das ist Unsinn. Gott schickte seinen Sohn nicht in die Welt, weil die Kinder artig waren, sondern weil wir Menschen das Verhältnis zu ihm zerbrochen haben und daran nun selbst zerbrechen. Das echte Christkind will nicht nur zu denen kommen, die schön artig sind, sondern gerade zu denen, die schön geizig, neidisch, eifersüchtig, streitsüchtig und egoistisch sind – also zu Ihnen und zu mir! Sich auf das Kommen des Messias vorzubereiten bedeutet gerade *nicht*, alles selbst in Ordnung zu bringen und so lange an sich herumzuputzen, bis man eine weiße Weste vorweisen kann. Wer Selbsterlösung anstrebt, braucht kein Weihnachten. Wenn der Mensch sich selbst erlösen könnte, hätte sich Gott den ganzen Aufwand sparen können.

Unsere Sinnsuche, unsere Sehnsucht nach Liebe, Licht, Wärme, Geborgenheit und Halt wird nicht gestillt mit dem, was wir geschenkt bekommen. Weihnachten wird eben nicht unterm Baum entschieden, sondern dadurch, ob wir einsteigen in die göttliche Rettungskapsel.

Die hat übrigens (mehr als 30 Jahre später als erwachsener Mann) von sich gesagt: »Kommt alle her zu mir, die ihr euch abmüht und unter eurer Last leidet. Ich werde euch Frieden geben. Nehmt meine Herrschaft an und lebt darin. Lernt von mir. Ich komme nicht mit Gewalt und Überheblichkeit. Bei mir findet ihr, was eurem Leben Sinn und Frieden gibt. Ich meine es gut mit euch und bürde euch keine unerträgliche Last auf.« (Matthäus 11, 28-30)

Wer Anschluss an diesen Jesus bekommt, bekommt Anschluss an das wahre Leben, an das ewige Leben. Ein Leben mit Qualität. Der bekommt einen Vorgeschmack auf den Himmel. Das zu hören, zu wissen und darauf sein Leben auszurichten gibt Hoffnung und Mut, Trost und Kraft. Und das nicht nur in der Adventszeit, zur Weihnachtszeit, sondern auch zur heißen Urlaubszeit und eigentlich überhaupt immer.

ARNO BACKHAUS

20 Der Schöne und das Biest

Mark war wie immer einer der Letzen, der sein Büro abschloss. Es war keine Arbeitswut, die ihn angetrieben hatte, es erst zu später Stunde zu verlassen. Reines Kalkül. Wohlüberlegte Taktik. Langsam durchschritt er den neonbeleuchteten Flur. Nur im Büro des CEO brannte wie immer noch Licht. Die Tür war nur angelehnt. Mark klopfte an und betrat den Raum. »Guten Abend, Dr. Winter.«

»Herr Steiner, hallo.«

Sein direkter Vorgesetzter grüßte ihn, ohne den Blick vom Bildschirm seines MacBooks abzuwenden. »Machen Sie Feierabend?«, fragte er ihn, in Arbeit vertieft. »Gleich«, log Mark. »Ich werde zu Hause noch einmal unsere Strategie durchgehen«, log er weiter und dachte daran, ob er im Trans Europa um die Ecke noch auf einen Whisky und ein Bier einkehren würde. »Viel Erfolg« antwortete sein Vorgesetzter knapp, ohne auch nur kurz den Blick zu heben.

Es gehörte zu Marks Strategie, sich als einer der Letzten noch Arbeitenden darzustellen. Es erhöhte die Karrierechancen. Als er kurze Zeit später an der schwach beleuchteten Empfangslobby vorbeiging, verschwendete er einen kurzen Gedanken an »das Nilpferd«. So nannte er sie in seinen Gedanken. Wie konnte ein Weltkonzern eine solche Walküre als Empfangsdame anstellen. Irgendwie musste es ja aber auch hässliche Menschen auf diesem Planeten geben. »Gäbe es Gott…«, dachte er, »…oder besser, wäre ich Gott, es würde nur gut aussehende Menschen wie mich geben.« Er schmunzelte.

Es schneite, als er das Hauptportal durchschritt und zu seinem Porsche 911 Turbo ging. Er öffnete die Tür, wischte sich den

Schnee aus den Haaren und stieg ein. Als er den Motor startete, erklang das gewohnte saftige Dröhnen aus dem Heck, das ihm jedes Mal aufs Neue erregend im Nacken kitzelte.

Zügig verließ er den firmeneigenen Parkplatz. Am Trans Europa fuhr er vorbei. Es war definitiv zu spät für seinen Whisky und sein Bier. Er fuhr, so zügig es der gleichmäßig fallende Schnee zuließ, in Richtung Südstadt, als ihn ein jäher Gedanke durchfuhr. »Scheiße!« Mark schlug aufs Lenkrad. Schweißperlen bildeten sich auf seiner Stirn. »Verdammt! Der Wievielte ist heute?« Er fuhr rechts ran und kramte sein iPhone aus der Anzugtasche. »Shit, der Achzehnte!« Vor drei Stunden war er mit Julia zum Abendessen verabredet gewesen. Heute war ihr gemeinsamer Jahrestag. Er hatte zwar kein Verständnis für solche Sentimentalitäten, hatte ihr aber versprochen, sie auszuführen. Hektisch wählte er ihre Nummer. Sie ging nicht dran. Mark dachte nach. Sie wird nicht mehr im Restaurant sein. Er wendete auf der überschneiten Straße seinen Porsche und fuhr in Richtung Innenstadt. Es war kurz nach 24 Uhr, als er vor Julias Wohnung einen Parkplatz fand und sein Auto abstellte.

Mittlerweile fielen dicke Schneeflocken vom Himmel. Mark beobachtete, wie auch die letzten Gäste die Glühweinstände des Weihnachtsmarktes verließen und sich auf den Weg nach Hause machten. Für einen kurzen Augenblick dachte er an Steph, die Blonde aus dem Marketing. Er spürte ein kurzes warmes Kribbeln in der Magengegend. Ein Flirt unter Kollegen konnte ja nicht verboten sein. Obwohl er sich eingestehen musste, dass dieser Flirt schon etwas aus dem Ruder geraten war. Eigentlich dachten alle im Büro, die beiden wären ein festes Paar. Mark schob den Gedanken zur Seite. Erstens wusste Julia nichts von Steph, zweitens wusste Steph nichts von Julia, drittens würden sie beide nichts davon erfahren. Sie waren eben beide seine Schätzchen. Sie konnten sich geehrt fühlen.

Julia wohnte im dritten Stock eines gut 100 Jahre alten Hauses aus der Gründerzeit. Der Stuck begann bereits ein wenig zu bröckeln, und die Farbe blätterte hinterher. Einige Sekunden, nachdem er auf die Klingel gedrückt hatte, öffnete sich die Tür zur Straße. Das Vierauge verließ das Haus in Begleitung des dicken Nerds aus dem Erdgeschoss. Die beiden lachten. Die Brillenschlange warf ihm einen verächtlichen Blick zu. Vierauge, Brillenschlange, Teleglotze. Seit er ihr das erste Mal begegnet war, hatte er sich ein Gedankenwettspiel ausgedacht, das so funktionierte, dass er ihr jedes Mal einen neuen Spitznamen gab. Das erforderte schon eine Menge an destruktiver Kreativität. Aber darin war er gut. Er schmunzelte. »Dass sie mich überhaupt erkannt hat, ist ein Wunder. Bei den Glasbausteinen vor ihren Glubschaugen«, dachte er und begann, zwei Stufen auf einmal nehmend, die Treppen hochzusteigen. »Sie hat einen Freund.« Er wusste nicht, was er skurriler finden sollte. Dass der Nerd aus dem EG eine Freundin hatte oder dass Fischauge, die mit Julia in einer WG wohnte, einen Freund hatte. Bevor er den Gedanken weiter ausspinnen konnte, kam ihm in Erinnerung, wie Julia ihn vor zwei Wochen genötigt hatte, mit ihr und der Doppelnull über den Weihnachtsmarkt zu gehen. Was für eine peinliche Aktion. Er hatte zwar nicht befürchten müssen, in diesem Stadtteil erkannt zu werden, doch alleine der Gedanke daran, jemand könnte ihn an der Seite des Nasenfahrrades erkennen, hatte ihn peinlich berührt.

Mark fuhr sich durch sein blondes, locker nach hinten gegeltes Haar und klopfte an die Tür. Nichts rührte sich. Mark wartete einen Moment. Ein unruhiges Gefühl breitete sich in ihm aus. Vorsichtig klopfte er ein weiteres Mal. Er hasste es, wenn er eine Situation nicht kontrollieren konnte. Mark trat von einem Bein auf das andere. »Mach schon auf«, flüsterte er. Er legte sein Ohr an die Tür. Drinnen hörte er leise Schritte. »Mach auf, Julia,« rief er, so leise er eben rufen konnte.

»Verschwinde!« Julias Antwort kam direkt.

»Lass es mich erklären«, sagte Mark, registrierend, dass es keine Erklärung gab. »Was willst du?« Die Tür öffnete sich einen Spalt.

Julias Augen sahen verweint und gleichzeitig beunruhigend klar aus. »Ich will, dass du dich hier nie wieder blicken lässt. Es ist aus! Verschwinde aus meinem Leben.«

»Ich ...«, begann Mark, doch Julia unterbrach ihn: »Ich! *Ich* habe es satt. Es geht nur um dich. Du und dein Job, du und dein Auto, du und deine Frauen ...«

Wusste sie etwas?, fragte sich Mark, erkannte aber, dass sie lediglich einen seiner Charakterzüge aufgezeigt hatte. Julia drehte sich um und wandte ihm den Rücken zu. »Kannst du nicht einmal einer von den Guten sein ... bitte ... geh einfach!«, flüstere sie.

Mark saß noch einige Minuten hinter dem Steuer seines 911ers, bevor er den ersten Gang einlegte, das Lenkrad einschlug und auf die überschneite, mit Kopfsteinen gepflasterte Straße fuhr. Er spürte, dass er dringend ein Bier brauchte. Oder besser zwei oder drei. Das Trans Europa würde jetzt überlaufen sein. Er entschloss sich, eine der kleineren Kneipen in der Nähe seiner Wohnung aufzusuchen.

Tony stand hinter dem Tresen und stellte unaufgefordert ein Pils vor Mark. »Whisky dazu?«, fragte er. Mark nickte. Einige Bier und die dazugehörigen Whisky später saß Mark zu Hause. Es war kurz nach zwei Uhr. Er tigerte ziellos und konfus durch die Wohnung. »Ich bin ein böser Mensch«, wiederholte er den Gedanken, der ihm schon bei seinem Kneipenaufenthalt nicht aus dem Kopf gegangen war. »In mir lebt ein Biest.« Er raufte sich die Haare vor dem Badezimmerspiegel. In seinem Kopf drehte sich ein Karussell aus Fragen: »Wer bin ich?« Er seufzte: »Wie geht das, ein guter Mensch zu sein?« Verloren blickte er in sich selbst und sah nur schwarz.

Er zündete sich eine Lucky an, setzte sich auf die Küchenzeile, legte Packung und Zigaretten neben sich und blies den Rauch in den Kronleuchter. »Ab morgen ... Verdammt, das kann doch nicht so schwer sein! Ab morgen werde ich ein guter Mensch sein.« Mark drückte die Zigarette aus und ging ins Bett.

Der nächtliche Zwischenstopp bei Tony erzeugte in Marks Magengegend noch ein schwammig-flaues Gefühl. Doch Mark sprühte an diesem Morgen vor Energie. Er gab sich dem Gedanken hin, jeder Mensch im Umkreis von fünf Metern würde seine veränderte Aura wahrnehmen. Er kramte gut gelaunt in seiner Hosentasche, um zu überprüfen, ob er seinen Schlüssel eingesteckt hatte, zog seine Wohnungstür hinter sich zu und verließ das Haus. So weit, so gut, dachte er, als er das Firmengelände erreicht hatte. Er hatte heute noch keinen fremden Frauen hinterhergeblickt und niemanden verletzt oder beleidigt, nicht mal in Gedanken. Anscheinend hatte er das Biest gut eingekerkert.

Der Schnee hatte die Stadt über Nacht in eine Winterlandschaft verwandelt. In fünf Tagen war Weihnachten. Mark verließ den Wagen, ging über den Firmenparkplatz und betrat die Lobby. Das Nilpferd saß am Empfang. Aber wie! Mark starrte sie an und überlegte, ob man einen Menschen verklagen konnte, weil er einem die gute Laune verdarb. Seine Gedanken überschlugen sich, während er sich ihr wie in Zeitlupe näherte: »Wie sie sich da in ihren Sessel quetscht, und welcher Friseur hatte diese Dauerwelle verbrochen? Gleich zwei Strafanzeigen am frühen Morgen.« Er wollte lachen, doch es blieb ihm quer im Zwerchfell stecken. »Die erste Prüfung«, durchfuhr es ihn. Sofort setzte er sein charmantestes Lächeln auf. Mark nahm wahr, unter welcher Spannung seine Lippen dabei standen. Er ging auf das Nilpferd zu. »Ich muss aufhören, sie Nilpferd zu nennen«, dachte er und blickte auf ihr Namensschild. »Anna Wittke«, stand da in Großbuchstaben. »Guten Morgen, Anna«, grüßte er und stotterte: »Die Stadt sieht schön aus so mit dem Schnee und so ...« Ihm gingen die Worte aus. Innerlich kochte er: »Nilpferd, Nilpferd, Nilpferd – hör auf! Sei still! Halt die Schnauze, Biest!«

»Frohe Weihnachten«, flüsterte er, drehte sich weg und ging frustriert zum Fahrstuhl.

Mark stürzte sich in Arbeit. Solange er in den Bildschirm blickte, konnte er auch nichts falsch machen. Um die Mittagszeit klopfte es an seiner Tür. Steph betrat unaufgefordert den Raum und kam in ihren Pumps zügig auf seinen Schreibtisch zu. »Hi, Süßer«, sagte sie und ließ sich auf seiner Schreibtischkante nieder. »Hi«, hauchte Mark. Seine Lippen wurden trocken, und sein Puls raste. »Seit wann flirtest du mit dem Nilpferd?«, neckte sie ihn. »Hab dich beobachtet. Kommste mit mir zu Joeys auf eine Pizza?« Marks Gedanken rotierten: »Julia! Steph! Wie verhalten sich gute Menschen? Julia! Was soll ich tun? Warum ist sie nur so verdam... sexy? Ich sollte dringend aufhören zu fluchen.« Mark verpasste sich und dem Biest innerlich zwei saftige Ohrfeigen. Eine fürs Fluchen und eine, weil er Steph so sexy fand. Doch die Ohrfeigen verfehlten ihre Wirkung. Steph wurde davon nicht weniger attraktiv. Er scheuerte sich innerlich noch eine.

»Mark! Hallo?« Sie wedelte mit ihrer Hand vor seinen Augen herum. »Jemand zu Hause?! Kommst du jetzt mit oder willst du zulassen, dass ich bei Joeys vereinsame?« Mark versuchte, sich einzufangen. Nebelschwaden umzogen und durchdrangen sein Denkvermögen. Er kochte innerlich. Seine Gedanken purzelten umher, überschlugen sich, verschwammen zu grauen Nebelschwaden. Er hatte Kopfschmerzen. Leise sagte er: »Hab zu tun. Sorry! Geht mir nicht so gut.« Steph erhob sich bedächtig. »Gut! Dein Pech!« Langsam ging sie zur Tür. Mark blickte ihr hinterher.

Mark machte an diesem Tag früh Feierabend. Drei Tage vergingen. Doch je mehr er versuchte, freundlich und nett zu sein, desto mehr brodelte es in ihm. Bei jeder aufgesetzt freundlichen Geste wuchs in ihm exponentiell die Wut, und er implodierte innerlich fast.

Es war der Abend des 22. Dezembers, als es passierte. Gedankenverloren fuhr er von der Arbeit nach Hause. Ohne dass er es bemerkte, hatte er seinen Wagen zu Julias Haus gesteuert. Als er auf dem vereisten Kopfsteinpflaster unter den Eichen entlangfuhr, fiel ihm der dicke Nerd auf, der sich damit abmühte, ein schwergewichtiges Regal in die Wohnung zu schleppen.

Er parkte seinen Porsche und stieg aus. Während er auf den Nerd zuging, rief er: »Kann ich dir helfen?« Verunsichert und irgendwie dankbar blickte der Typ ihn an. »Hi, ich bin Alex. Ja, danke. Pack hier mit an!« Mark packte an. Gemeinsam hievten sie den Koloss die vier Stufen hoch und durch die Eingangstür des Altbaus. Als sie das Regal in Alex' Wohnung abgesetzt hatten, herrschte für einen kurzen Augenblick Schweigen. Alex brach es zuerst: »Feierabendbier?«

»Gerne«, sagte Mark.

Schweigend ließen sie die kühle Flüssigkeit ihre Kehlen hinabrinnen. Es klingelte. »Das wird Tina sein«, sagte Alex. Mark hatte das Bild von Vierauge vor sich und wartete im Wohnzimmer. Einige Augenblicke später blickte er in die Augen einer verunsicherten Julia. »Ich wollte nur mal vorbeischauen«, sagte sie zu Alex, als sie Mark erblickte. »Du hier?« Fragend schaute sie ihn an. »Er hat mir beim Regal geholfen.« Alex übernahm die Antwort und zeigte mit der Bierflasche auf das Möbelstück.

»Hi, Julia!« Mark räusperte sich. »Äh, ich versuche ein...«, sein Blick wanderte zwischen Julia, Alex und dem Regal hin und her, »... einer von den Guten zu sein.« Er kam sich blöd vor. »Ist ein bisschen blöd gelaufen in letzter Zeit. Kannst du mir ... könnten wir?« Er brachte den Satz nicht zu Ende. »Im Krooks kann man nett essen. Würdest du mit mir ...?«, hörte Mark sich fragen. Julia nickte zögerlich: »Morgen um acht?«

»Ja«, antwortete Mark und sagte: »Ich muss dann weiter. Bis morgen.«

Mark saß Julia gegenüber. Der Abend im Krooks verlief bis jetzt ganz passabel. Er hatte sich besser unter Kontrolle als gedacht. Das Biest hielt sich im Hintergrund. Standby-Modus anscheinend. Auch die nervenden Gören der Familie am Nachbartisch würde er irgendwie noch aushalten können. Wenn der kleinere der beiden Jungs wenigstens aufhören würde, mit seinem Stuhl penetrant zu kippeln. Vor zurück. Vor zurück. »Man sollte Kinder verbieten ... und Nilpferde gleich mit ... und Nerds mit hässlichen Freundinnen auch ... wenn man schon dabei war.«

Aus dem Augenwinkel nahm er wahr, dass sich die Tür des Restaurants öffnete. Für einige Sekunden zog ein Hauch der kalten Winterluft an ihm vorbei. Er wandte sich wieder Julia zu, als er hinter sich eine vertraute Stimme hörte. Tausende von Eiszapfen stachen ihm gleichzeitig in den Rücken. »Hey, Mark, um diese Zeit nicht im Büro?« Mark wurde heiß und kalt. Schweißperlen bildeten sich auf seiner Stirn. Steph trat in ihrem Abendkleid an ihren Tisch und schien bis vor wenigen Sekunden noch gut gelaunt gewesen zu sein. Mark saß neben sich. »Was machst du hier?«, fragte er mit dünner Stimme. Er wünschte sich weit weg. »Das sollte ich wohl dich fragen!« Stephs Stimme klang eiskalt. »Ich ...« Mark stotterte. »Wer ist das?«, hörte er Julia wie durch Watte fragen. »Solltest du uns nicht vorstellen?«

Mark nahm plötzlich die Kellnerin wahr, die neugierig an

ihrem Tisch stehengeblieben war. Sein Blut begann zu kochen. Das Biest meldete sich brachial und unaufhaltsam zu Wort: »Haben Sie nichts zu tun?«, fuhr er sie an, und plötzlich öffneten sich alle seine Ventile: »Kümmern Sie sich um Ihren eigenen Scheiß.« Der Druck entwich für einen Augenblick. Die Kellnerin drehte sich ruckartig um. Ihr Tablett stieß gegen den Kopf des kippelnden Jungen. Mark sah, wie der Kleine vor Schreck die Tischkante los ließ und spürte Sekunden später, wie der Junge und seine klebrige Cola in seinem Rücken landeten. »Verdammt!«, brüllte er, während er sich schwankend von seinem Stuhl erhob, in Richtung der Eltern. »Können Sie nicht besser auf Ihre ... aaah ... gibt es denn nur Idioten auf dieser Welt! Scheiße!« Er spürte, wie sich die Blicke aller Anwesenden auf ihn richteten. Nur raus hier!

Rauchend irrte er durch das Paulusviertel. Seine Schuhe schlurften ziellos durch den Schnee. Vor der gleichnamigen Kirche blieb er stehen. Er blies eine letzte Rauchwolke in die Luft und trat seine Zigarette aus. Mark ging den schmalen gepflasterten Weg auf das Eingangsportal der Kirche zu. Vor der Kirche war eine Szenerie aufgebaut. Ein Esel, eine Kuh, einige Hirten mit Holzköpfen und eine Krippe. Er beugte sich über die Krippe. »Es ist so dunkel in mir.« Laut sprach er zu sich selbst. Stille. In einiger Entfernung hörte er ein anfahrendes Auto. Es entfernte sich. Dann wieder Stille. Er blickte in die Krippe und sah das Kind. Liebevolle Augen blickten ihn an. Eine sanfte, aber klare Stimme klang aus seinem Mund: »Ich komme in dein Dunkel.« Mark stutzte. Hatte er das eben gehört?

»Ich komme in dein Dunkel.« Wieder sprach die helle Stimme.

»Wer bist du?« Mark kamen die Worte nur gebrochen über die Lippen.

»Ich bin hier. Bei dir.«

Mark beugte sich über das Kind in der Krippe. Tränen begannen seine Wangen hinabzulaufen, und er schluchzte: »Es geht mir... sorry ... scheiße. Ich bin ein scheiß Typ.« Stille. Mark kniete sich neben die Krippe. Wieder erklang die helle Stimme. Nun ganz dicht an seinem Ohr: »Ich liebe dich! Mit allem, was zu dir gehört.« Stille. Mark hörte in der Ferne einige Partyhungrige durch die Gassen ziehen. »Du wirst kein guter Mensch werden«, sprach die Stimme weiter, und Mark lehnte sich mit dem Rücken an die Krippe. »Du bist nicht Gott, auch wenn du mich, entschuldige, ihn, gerne spielst. Du bist auch kein Engel. Du bist ein Mensch.«

Mark spürte, wie eine Last sich von seinen Schultern löste und den Rücken hinunterrutschte. »Du wirst keiner von den, wie nennst du sie …? Du wirst keiner von den Guten werden. Alles, was du tun kannst, ist, mir zu vertrauen, dass ich dich liebe, so, wie du bist. Meine Liebe verändert dich! Sonst nichts.«

Die helle Kinderstimme hatte sich während der letzten Worte unmerkbar zu einer kräftigen, aber zärtlichen Erwachsenenstimme gewandelt.

Mark lächelte. »Ich darf sein«, flüsterte er. »Ja«, sagte das Kind. »Darum bin ich gekommen. Bei mir darf alles sein.«

Mark ließ das Gesagte auf sich wirken. »Ich kann also dazu stehen, dass ich keiner von den Guten bin, weil du zu mir stehst?«, stotterte er.

Das Kind in der Krippe strahlte. »Ja!«

Als Mark am nächsten Morgen sein Haus verließ, schüttelte er den Kopf: »Es ist Weihnachten! Gott wurde ein Kind. Verrückt.« Kurzer Check: »Alle da? Guten Morgen, Biest, guten, Morgen Welt. Äh ... guten Morgen ... ähm ... Gotteskind.« Er ging auf die Straße. »Keine Ohrfeigen mehr«, entschied er. »Nie wieder. Da musste ein Kind in einer Krippe ... nach einem fatalen Abend ... in einer kalten Winternacht mit mir reden ... dass ich es checke: Ich darf sein.«

Ein glucksendes Lachen entfuhr ihm: »Ich darf sein!«

JAN HANSER

21 *Ein Seidenschal für Rima*

Aufgeregt spähte ich durch die trübe Fensterscheibe. Im kalten Wind wiegten sich dornige Rosenzweige. Verstohlen beobachtete ich eine Gruppe Frauen. Manche hatten sich dick eingepackt in einen warmen Mantel und ein Kopftuch. Andere trugen nur eine dünne Strickjacke. Waren sie genauso gespannt wie ich? Freuten sie sich auf diesen Tag? Ich jedenfalls konnte meine Vorfreude kaum noch zügeln! Bei allen Gedanken, die mir durch den Kopf tanzten, wünschte ich mir vor allem eines: dass ich diesen, mir fremden und doch vertrauten Frauen eine Freude machen könnte.

Alles hatte vor etwas mehr als vier Jahren seinen Anfang genommen. Damals hatte ich von einer Hilfsorganisation den Auftrag bekommen, nach Nordarmenien zu reisen. Ich sollte einen Filmbericht über ihre Projekte und die dortigen Lebensverhältnisse erstellen. Zweifelnd fragte ich mich, ob ich dieser Aufgabe gewachsen sein würde. Dort in Armenien prägten sich mir zuerst die weitläufigen Berghänge ein, die mit Geröll und Steinbrocken bedeckt waren.

»Daselbst erhob sich große Not – viel Steine gab's und wenig Brot« – die Zeilen des Dichters Ludwig Uhland gingen mir unablässig durch den Kopf, als wir vom Flughafen, aus Jerewan kommend, hoch in die Kaukasusausläufer Nordarmeniens fuhren. Unzählige neue Eindrücke füllten die nächsten Tage. Ich traf die verschiedensten Leute. Viele von ihnen waren bitterarm. Ich hörte ihre Geschichten, die dicht verwoben waren mit dem Schicksal ihrer Heimat. Das Elendsviertel im Zentrum der Stadt Vanadzor war ihr Zuhause. Hier hatten nach dem Erdbeben 1988 Obdachlose vorübergehend eine Bleibe gefunden. Darunter war auch Rima. Die gelernte Elektrotechnikerin und Mutter von fünf Kindern. Einst hatte sie eine vielversprechende Karriere vor sich gehabt. Aber nun standen die riesigen Industriebetriebe, die einstigen Arbeitgeber der Stadt, allesamt still. Sie waren zu bedrückenden Ruinen der Hoffnungslosigkeit geworden. Auf Schritt und Tritt erinnern sie jetzt an das blühende Leben von einst. An die verheißungsvolle Zukunft im kommunistischen Armenien. Einst der reichste Staat der Sowjetunion – übrig davon sind nur noch Ruinen und die Trümmer in den Seelen der Menschen. Ist es dies oder die anhaltende Wirtschaftsdepression, was die Menschen so niederdrückt?

Auch mir hatte sich der Albdruck der Stadt auf die Seele gelegt. Ich war fassungslos, sprachlos – stumm! Nachts konnte ich kaum abschalten. Schnappschüsse des Tages tauchten vor meinen Augen auf: Rimas unterentwickelte, viel zu dünne Kinder im Containerdorf. Ausgehöhlte Autowracks waren das Klettergerüst auf ihrem Spielplatz, gleichzeitig eine Müllhalde, auf der ein mageres Schwein nach Fressen stöberte. Ihr Zuhause war ein ausgedienter Container. Zwischen den anderen Behausungen Frauen, die an einer Wasserleitung ihre Wäsche in einer Schüssel wuschen. Steif gefrorene Leintücher – dick mit Schnee bedeckt. War nicht jede Hilfe nur ein Tropfen auf den heißen Stein? Ich fühlte mich so hilflos, so schuldig. Warum ging es mir so gut, warum ihnen so schlecht?

Auf diese erste Reise folgten weitere. Immer wieder war ich zu Gast in den schäbigen Baracken. Ich habe Rima und ihre Nachbarinnen dabei besser kennengelernt. Alles Mütter, viele alleinerziehend, allein verantwortlich, aber mit erstaunlichem Glauben und Lebenswillen. Tapfer im Kampf gegen die Resignation, gegen den Hunger des Körpers und der Seele. Und Rima kämpft ganz vorne mit, ist jederzeit Freundin und Trösterin ihrer Nachbarinnen. Das beeindruckte mich zutiefst. Ich spüre, dass es an solchen Orten das Einzige ist, das hält.

Jetzt, kurz vor Weihnachten, stand wieder eine Reise bevor.

Inzwischen hatte ich bei den Gedanken an Armenien Rima und ihre Nachbarinnen vor Augen. Ich begann davon zu träumen, den Frauen Wertschätzung, Liebe, ja, meine Freundschaft mitzubringen. Aber wie konnte ich das zum Ausdruck bringen? Mir war klar: Mein Leben unterschied sich himmelweit von dem ihren. Niemals würde ich auch nur im Ansatz ermessen können, was es bedeutet, dort zu wohnen, zu leben, die Kinder großzuziehen. Wie leben sie Beziehungen, Partnerschaft – in einer kleinen Hütte, zu fünft oder gar zu acht? Aber jede Frau war doch auch dort in der Seele eine Frau wie ich. Mit einem Hunger nach Leben, nach Freundschaft, nach Wertschätzung. Diesen Hunger kann keine Hilfsorganisation der Welt stillen. Genauso wenig, wie durch meinen Reichtum, meine Arbeit und mein Haus mein innerer Hunger gestillt wird.

Eine Idee begann sich in mir zu formen: Ich wollte ihnen erstens etwas von mir mitbringen, und zweitens wollte ich darum beten, dass Gott dadurch ihren Lebenshunger stillte. Aber war ich dazu nicht viel zu fremd, zu reich oder zu unerfahren? Ich wollte so gerne Licht in diese Dunkelheit bringen, so wie Jesus das mit seinem »Besuch« auf unserer Erde getan hatte. Botschafter an Christi statt sein. Dazu musste ich unbedingt meine Zweifel, die sooft vor allem stehen, überwinden. Mir wurde klar, ich brauchte Verstärkung, zumindest mental, sonst würde ich meinen Traum nie angehen.

Ich begann den Frauen in meiner Kirchengemeinde von Armenien zu erzählen und meinen Traum mit ihnen zu teilen. Ich berichtete von dem Leben dort und von dem schäbigen »Kirchencontainer«. Dann lud ich sie ein, für die armenischen Frauen zu beten. Parallel dazu weihte ich meine Übersetzerin ein: Was sie davon halten würde, die Frauen im Slumviertel zu einem Freundschaftstag einzuladen?

Mit meiner Idee hatte ich eine Lawine losgetreten. Unabhängig voneinander kamen mehrere Frauen zu mir, die mir Modeschmuck, Schals, Kerzen, Servietten und Süßigkeiten vorbeibrachten. Mein Büro platzte aus allen Nähten! Ich sortierte alles nach Farben und bekam schließlich 40 Päckchen zusammen. Aus Armenien erreichte mich die Nachricht, dass sich 40 Frauen angemeldet hätten. Das machte mir Mut: Gott fand diese Besuchsidee wohl auch toll!

Und schließlich war er da, der große Moment. Alles war vorbereitet. Ich spähte durch das Fenster, erwartungsvoll in meiner Vorfreude. Der Raum in dem alten Militärcontainer war genauso unschön, wie ich ihn in Erinnerung hatte. Mit einem großen Tuch und Blumendrucken hatte ich die Wände verschönert. In der Ecke wärmte ein angefeuerter Blechofen das Zimmer. Wir deckten den Tisch mit Servietten und Teelichtern. Zum Essen besorgten wir Kuchen, frisches Obst, Süßigkeiten und Saft. Rima kochte Kaffee. Ganz nach den üblichen armenischen Gewohnheiten.

»Barev Tzes! - Guten Tag!« Ich begrüßte jede einzelne Frau: Es war so schön zu spüren, wie sich damit ihre anfängliche Skepsis in Wohlgefallen auflöste. An jedem Platz leuchtete eine kleine Kerze auf einer dekorativen Serviette, dazu eine Spruchkarte. Die Stimmung erinnerte an Weihnachten. Spannung, Vorfreude und Ehrfurcht pur. Es war so rührend, als alle dicht gedrängt im warmen Mantel den kleinen Raum füllten. Die Jacke ablegen wollte keine. Als das Feuer später ausging und ich die kalte Zugluft durch die Wand spürte, wusste ich, warum.

Zu Beginn schauten wir einen Film an, den ich bei meiner letzten Armenienreise gedreht hatte. Aufgeregtes Stimmengemurmel. Das waren ja sie, ihre Stadt, ihre Sorgen, ihre Freundinnen! Mit diesem Film wurden ihre Herzen im Sturm erobert. Nach dem ausführlichen Kaffee- und Safttrinken und Schokotorteessen nahm ich die Frauen mit auf eine filmische Nigerreise. Ein Bericht aus einem der ärmsten Länder unserer Erde, gebeutelt von Dürrekatastrophen und Hungersnöten, sollte die Brücke zu meinen armenischen Zuhörerinnen schlagen. Die Frauen dort waren ebenso mit großen Sorgen und Nöten konfrontiert. Auch sie versuchten, ihr Gottvertrauen nicht zu verlieren. Ich zeigte den Armenierinnen das Foto einer wunderschönen weißen Seerose – fotografiert am Ufer des Niger. Hier hatte mir die Ehefrau eines Pastors gesagt: »Wenn ich einmal müde bin und nicht mehr weiterweiß, dann komm ich hierher. Und wenn ich sehe, wie schön Gott die Blumen gemacht hat, dann weiß ich auch, dass er mich nicht vergessen hat und sich um alle Kleinigkeiten in meinem Leben kümmert.« Und an dieser Stelle sind wir uns alle gleich. Überall, ob wir arm oder reich sind. Wir möchten es alle immer wieder wissen: »Kümmert sich Gott um uns?«

Deshalb wollte ich mit dem nächsten Programmpunkt motivieren, dass sich unsere Besucherinnen ihr eigenes Andenken malten. Ihre Seelen sollten dabei zur Ruhe kommen, damit sich das bisher Gehörte und Erlebte tief einprägten. Anfangs vorsichtig und zögerlich probierten sie, tauchten den Pinsel in die Acrylfarbe. Gesichter, Häuschen, Bäume, Blumen nahmen Gestalt an. Hier saß die verhärmte Babuschka neben der aufwändig frisierten Dame, und alle waren gleich: einfach Mädchen, die sie selbst sein durften, sich nicht zu sorgen brauchten. Unbeschwerte Stunden gab es wohl nicht sehr oft.

Eine Nachbarin von Rima berichtete ihr später: »Ich leide unter Bluthochdruck, 170/180. Aber während der vier Stunden, als wir zusammen waren, fühlte ich mich so leicht und glücklich. Als ich nach Hause kam, musste ich mich nicht hinlegen wie sonst, sondern konnte ganz beschwingt meine Arbeit machen.«

Lag das an der Torte, dem Bericht aus Niger, dem Malen oder an dem Psalm, den wir gelesen hatten? Lobe den Herrn, meine Seele ... er vergibt alle meine Sünden … er heilt ... er erlöst! Er hüllt mich ein in Gütigkeit – ein Bild, von dem ich mir erhoffe, dass wir alle es nie vergessen. Die Frauen aus Deutschland hatten es möglich gemacht, dass ich Rima und den anderen Besucherinnen ein hübsches Päckchen mit einem bunten Schal und Schmuck überreichen konnte. Das Seidentuch soll sie beim Tragen erinnern: Gott hüllt dich ein in seine Liebe und Fürsorge.

Ich bin mir nach diesem Tag in dem alten, rostigen »Kirchencontainer« sicher: Es ist nicht wichtig, wer ich bin oder was ich kann und habe. Sondern seit Jesus mich besucht hat, ja, in mir lebt, besucht er durch mich andere. Genau wie damals, als er an Weihnachten kam – um uns sein Licht zu bringen, um uns Mut zu machen: Ihr seid nicht alleine, ich kümmere mich um euch.

CHRISTIANE RATZ

22 Eine Hoffnung, die nicht stirbt

Advent bedeutet Ankunft, oder besser: Warten auf die Ankunft. Advent bedeutet Hoffnung. Hoffnung darauf, dass etwas Neues beginnt und etwas Altes anders wird.

Hoffnung hat etwas mit mir zu tun, und Hoffnung hat etwas mit dir zu tun. Genauso war Hoffnung schon vor zweitausend Jahren etwas, das die Menschen umgetrieben hat. Da war diese Sehnsucht nach etwas, das den profanen Alltag durchstoßen kann. Da war diese Hoffnung, dass sich im Alltag etwas verändert, dass es einen Farbenschimmer im »Grau in Grau« gibt. So wie wir im Mai Hoffnung bekommen, wenn die Bäume grün werden, im Saft stehen. Hoffnung, dass der Winter des Lebens vorbei ist.

Aber was ist, wenn im Leben noch Winter ist? Wovon träumen wir? Welche Pläne und Gedanken treiben uns an? Was wollen wir erreichen in unserem Leben, und was wollen wir noch geschafft haben, bis das Leben vorbei ist? Ist es der Schulabschluss? Die gute Ausbildung? Die Karriere? Ist es die Weltreise? Eine Familie gründen? Die Hochzeit der Kinder erleben? Das Enkelkind im Arm halten? Christen in allen Kirchen dieser Welt haben eine Hoffnung, die darüber hinausgeht. Weil Gott Hoffnung für diese Welt hat. So wie jedes Jahr der Frühling kommt, so wird auch Jesus zurück auf diese Erde kommen. Hoffnung ist wie eine Pflanze, die grün wird und Blüten trägt. Hoffnung hat eine Farbe: Grün. Grün wie der Frühling, der neues Leben nach dem Winter bringt.

Könnte man sagen, dass Weihnachten der Frühling des Lebens ist? Auch wenn es mitten im Winter liegt? Gott pflanzt die Hoffnungspflanze in das Gestrüpp des Alltagslebens. Das Gestrüpp, der

Alltag, wächst aber auch weiter. Da ist diese unüberschaubare Mischung aus Gut und Schlecht. Lavendel und Unkraut. Beeren und Dornen. Und manchmal sogar beides an einem Strauch. Wie soll der Mensch da durchblicken? Wie soll er sich seine Hoffnung behalten?

In der Weihnachtsgeschichte im Neuen Testament, in Lukas, Kapitel 2, wird von Hirten berichtet, die sich als Erste zu dem gerade neu geborenen Jesus auf den Weg machen und ihn sehen wollen. Als diese gegangen sind, berichtet Lukas folgende Begebenheit: Ein Mann geht in den Gottesdienst, weil er sich die Hoffnung behalten will und weil man es so macht. Alle machen das. Aber bei ihm ist etwas anders. Er sucht nicht nach Hoffnung, denn er hofft bereits. Und das ist ein Unterschied, denn dieser Mann hat eine Zusage von Gott. Eine Zusage, die etwas Heiliges und Ewiges an sich hat.

Ein Mann lebte in Jerusalem mit Namen Simeon. Und dieser Mann war gerecht und gottesfürchtig und wartete auf den Trost Israels, und der Heilige Geist war bei ihm. Und ihm war vom Heiligen Geist eine Offenbarung zuteil geworden, er sollte den Tod nicht sehen, bevor er den Christus des Herrn gesehen hätte. Und er kam – vom Geist getrieben – in den Tempel. (Lukas 2, 25-27)

Dieser Mann wird nicht sterben, ehe er den Christus des Herrn gesehen hat. Das heißt, dass er entweder noch ganz schön lange leben muss oder es bis zu dem Moment nicht mehr lange dauert. Wie auch immer, Simeon wird dabei sein. Er hat Hoffnung.

Maria und Joseph sind nicht so heilig und hoffnungsvoll, denn ihr Alltag gestaltet sich als extrem schwierig. Sie haben dieses Kind, das von einem Geheimnis umgeben ist. Sie haben Engel gesehen. Sie hatten mysteriöse Besuche kurz nach der Geburt ihres Kindes. Okay, das lässt ja durchaus hoffen. Aber jetzt hat sie der Alltag wieder.

Der Messias ist zu klein, um sein Leben zu bewahren. Er schreit, will gestillt werden, macht die Windeln voll, in die er gewickelt wurde, und zu allem Überfluss sind die Soldaten des Königs hinter dem Kind her, um es zu töten. Wo ist da Platz für Gott? Und wo sprießt noch mal die Hoffnung zwischen all dem Alltagsunkraut? Warum gehen sie mit dem Kind in den Tempel? Warum nehmen sie am gottesdienstlichen Leben teil?

Vers 27:
Und als die Eltern das Kind Jesus in den Tempel brachten, um es beschneiden zu lassen, wie es nach dem Gesetz Brauch war …

»Wie es nach dem Gesetz Brauch war.« Alles in allem ist es also eine recht nüchterne Szene gewesen. Vielleicht sogar ernüchternd. Denn hier im Tempel wird noch einmal bewusst, in welch ärmliche Verhältnisse Jesus hineingeboren wird. Maria und Josef können sich gerade mal zwei Tauben leisten als Opfer. Gewissermaßen die Mindestgabe, für die besonders Armen.

Was für eine Szene: dichtes Gedränge. Priester, die darauf warten, endlich Feierabend zu haben, und den Job eh nur machen, weil es Familientradition ist. Pilger, Touristen, Geschäfte mit Spendengeldern, Taschendiebe und der Heilige Geist. Was hat der hier verloren? Er ist da. Wie ein Gänseblümchen im Unkraut. Maria und Joseph sind gewissermaßen Gärtnergehilfen, die mit einem Arm voll Samen in das Brachland gehen. Aber sie gehen nicht, um zu säen, sie gehen nicht, um zu pflanzen, sie gehen nicht, weil sie sich eine Ernte erhoffen. Sie gehen, weil es nach dem Gesetz Brauch war. Sie gehen mit Jesus. Was sollen sie den Menschen auch geben? Sie haben noch nicht mal Geld, um ein gescheites Opfer zu geben.

Und angebracht wäre es wohl, wenn sie das Geld aus dem Klingelbeutel bekommen hätten. Maria hat Jesus fest auf dem Arm, denn er ist das Einzige, was ihr bleibt. Sie schiebt sich durch das Gedränge. Joseph versucht, ihr den Weg zu bahnen. Er hält den Stock und die Tasche fest umklammert, immer ein Auge auf seine Frau mit dem Kind, das ihr Leben verändert hat. Das Kind, das sie zu diesen armen, ausgestoßenen Menschen gemacht hat, das Kind, das ihre Familie gespalten hat. Das Kind … das auch für ihn zum Lebensinhalt geworden ist.

Er stößt einen Mann weg, der seiner Frau und dem Kind zu nahe kommt. Er sieht die Blicke von den Alten, die sich über jedes Neugeborene beugen, als wäre es ihr eigenes Enkelkind. Reicht es nicht, dass er Jesus hat? Muss er sich dieses Gedränge antun? Aber es war ja nach dem Gesetz Brauch. Also weiter!

Auch Simeon schiebt sich durch das Gedränge. Er ist oft hier. Nicht nur, weil es Brauch ist, obwohl das auch ein Grund ist. Aber er hat auch diese Zusage: »Dein Leben wird den Frühling sehen.« Das hat ihn all die Jahre jung gehalten. Dennoch ist er vom Winter des Lebens gezeichnet. Ihm gehen die Menschen auf die Nerven. Er wünscht sich, dass er in Frieden sterben kann, dass dieses Lebensgedränge durch den Unkrautdschungel ein Ende hat, dass er den starken Krieger findet, der die Macht des Winters brechen kann. So oft hat er den Winter durchstreift. So oft hat er sich gewünscht, dass er etwas findet, das ewig währt. So oft hat er gehofft, den Helden zu finden, der den Zauber des Winters durchbricht, dass Ewigkeit gepflanzt wird. Er wünscht sich einen Urwald aus Ewigkeit, eine geschlossene Decke aus Grün. Etwas, für das es sich lohnt zu leben.

Aber ob es das überhaupt gibt? Was, wenn er sich verhört hat? Was, wenn er an Wahnvorstellungen leidet? Krisentage hatte er genug. Schneesturm, Eiseskälte, Lebensfrost, Erfrierungen, weiße Flecken auf der Karte seines Lebens, schneebedeckt, Zugefroren, harte Erden, unbepflanzbar, Gletscherspalten, Schneehöhlen, Eiszeit!

Aber auch Schneeschuhe, Eispickel, Wärmekissen, Hoffnungstee, Durchhaltevermögen. Wer die Hoffnung verliert, der verliert das Leben. Und der Frühling wird kommen. Also, rein ins Gedränge. Die Hoffnungsfahne hochhalten, auch wenn es schwer fällt. Wer nicht wagt, der nicht gewinnt. Wer nicht sucht, der kann nicht finden. Wer nicht pflanzt, der kann nicht ernten. Also weiter!

Und dann ist da dieser Moment, dessen Tiefe sich kaum ermessen lässt. Josephs verbissene Umklammerung von Stock und Tasche löst sich. Er erschrickt. Maria bekommt ein weiches Herz. Das Kind hört auf zu schreien. Es ist, als wenn die Welt stillsteht. Etwas Warmes strahlt auf den Winterboden. Das Eis schmilzt. Simeon sieht Maria und den Jesus an ihrer Brust. Simeon hat einen Baum erwartet, aber er hat eine kleine Pflanze gefunden. Der Heilige Geist wird zum Gärtner, das Beet wird bereitet. Und Maria wird zur Weihnachtsfrau, denn sie hat etwas zum Verschenken. Sie verschenkt etwas von sich. Es bedarf nicht vieler Worte. Endlich hat sie etwas, das sie weitergeben kann. Sie kann Freude pflanzen. Freude in das Herz eines alten Mannes. Ein junges Mädchen, vielleicht 14 oder 15 Jahre alt, gibt ihren Jesus an einen Fremden weiter. Der klein und zerbrechlich ist. Eine Pflanze.

Und Simeon nimmt Jesus auf seinen Arm. Der Winter ist vorbei. Der Frühling ist da. Der Mai ist gekommen, die Bäume schlagen aus. Die verschlossene Knospe springt auf. Simeon blüht.

Maria läuft vor Rührung eine Träne die Wange hinunter. Sie hat nicht genug Geld, um ein Opfer zu kaufen, aber sie hat genug Jesus, um ihn zu teilen. Sie teilt ihn und bekommt mehr zurück, als sie gegeben hat, denn sie ist Freudengärtnerin geworden. Und Simeon ist wie ein Gewächshaus. Aus ihm sprudeln Worte der Freude heraus.

»Herr, nun lässt du deinen Diener in Frieden sterben, wie du gesagt hast; denn meine Augen haben deinen Heiland gesehen, den du vor allen Völkern bereitet hast, ein Licht zur Erleuchtung der Heiden und zur Ehre deines Volkes Israel.« (Lukas 2, 29-32)

Mit Jesus kam noch einmal der Frühling in das Leben eines alten Mannes, der schon durch den tiefsten Winter stapfte. Bis zur Ernte war es nun nicht mehr weit.

Das Reich Gottes. An Weihnachten ging neue Saat auf, wurde es Frühling. Aus einem kleinen Pflänzchen wird ein riesiger Baum, und die Vögel werden in den grünen Wipfeln in seinen Zweigen nisten und zwischen den bunten Blüten Zuflucht suchen.

JOACHIM »JOJO« ZWINGELBERG

23 *Der König und sein Fest*
Ein Weihnachtsmärchen

Der König genoss den Blick über sein Reich. Wenn er im Sommer auf dem höchsten Turm stand und den Blick schweifen ließ, bot sich ihm ein majestätischer Anblick. So weit das Auge reicht, sah er Wiesen, Wälder und Dörfer. Ein Reiter brauchte viele Tage, um vom Schloss an die Grenze des Landes zu gelangen. Die kleinen Bäche wurden zu Flüssen, vereinigten sich zu breiten Strömen und mündeten schließlich im Osten in das große Meer. Im Süden wurde das Land hügeliger, bis es schließlich am Horizont in den schneebedeckten Bergen endete, über die vor sehr langer Zeit die Menschen in das Land gekommen waren. Die Leute waren glücklich. Ihre Höfe brachten reiche Ernten, die Händler profitierten vom Meer, und die Soldaten taten selten mehr als würfeln und exerzieren.

Heute genoss der König den Ausblick besonders, denn Vorfreude hob seine Stimmung. Das ganze Schloss war bereits in hellem Aufruhr. In wenigen Wochen sollte eine Hochzeit gefeiert werden, wie das Land noch keine gesehen hatte. Des Königs Tochter sollte mit allem Prunk und aller Herrlichkeit heiraten.

Es war keine politische Hochzeit, wie sie seit jeher unter Königshäusern üblich ist, sondern eine Liebesheirat. Noch nie war eine Hochzeit so geplant worden. Die Vorratskammern hingen voller Schinken, der Weinkeller war gut gefüllt, und der große Ballsaal wurde bereits festlich geschmückt. Außerdem sollte es eine Überraschung geben, auf die sich der König besonders freute.

Endlich war es so weit. Heute wollte er die Neuigkeit verkünden. Er nahm den Regentenstab und ließ ihn mit Wucht auf den Boden krachen. »Wache! Bringt den Kastellan in das Thronzimmer.« Eilig ging er selbst hinunter und setzte sich auf den Thron, um seinen Kastellan zu erwarten. Die gesamte Dienerschaft verharrte in einer Spannung, die mit Händen zu greifen war. Irgendetwas Außergewöhnliches würde geschehen. Schließlich kam der Kastellan. Er war etwas aus der Puste, denn er war gerade im Bad gewesen, als er gerufen wurde, und musste sich noch ankleiden. Die Weste war schief geknöpft, aber das fiel ihm erst auf, als er ehrerbietig vor seinem Herrn stand. Der König ergriff das Zepter ein wenig fester und sagte etwas zu laut: »Es wird jeder zum Fest geladen. Große und Kleine, Frauen und Männer, Greise und Kinder. Jeder soll an meiner Freude teilhaben.«

So etwas hatte es noch nie gegeben. Die Reichen und Mächtigen bleiben lieber unter sich. Könige laden andere Könige und deren Familien ein, aber niemand veranstaltet eine Hochzeitsfeier für ein ganzes Reich! Der Kastellan zerbrach sich den Kopf: Wie sollte man so viele Leute einladen? Wo sollten sie alle sitzen? Und was geschah mit denen, die nachher nicht mehr nach Hause kamen? Wo sollten sie schlafen?

Mit einer energischen Handbewegung wischte der König alle Bedenken vom Tisch. Sogleich wurde mit dem Druck der Einladungen begonnen. Es musste viel Büttenpapier geschöpft werden, und die Illustratoren hatten alle Hände voll zu tun, die prachtvollen Dokumente zu verzieren. Schon nach einigen Tagen sprengten Reiter in alle Himmelsrichtungen davon, um jeden zu laden, den sie fanden. Herolde zogen mit Posaunen in jeden Flecken und Markt, um den großen Tag anzukündigen. »Des Königs Tochter heiratet. Jeder ist geladen. Kommt alle«, klang es an sämtlichen Ecken des Reiches.

Einige Boten kamen ans Meer und trafen dort ein paar alte Frauen, die Netze flickten, zwischen denen die Kinder mit Muscheln spielten.

»Kommt zum Fest«, sagten sie.

»Keine Zeit«, antworteten die Frauen und blickten nicht einmal auf.

»Wir flicken die Netze.«

»Wo sind die Männer?«

»Auf dem Meer, sie fischen.«

»Ladet sie ein, der König feiert.«

»Sie haben keine Zeit. Es ist Kabeljausaison, wir müssen arbeiten. Wovon sollen wir leben?«

Darauf wussten die Herolde keine Antwort. Sie packten die Einladungen wieder ein, verstauten die Posaunen und ritten nach Hause. In den Dörfern ging es den Boten nicht besser. Die Männer waren auf dem Feld, und außer ein paar zahnlosen Greisen, unmündigen Kindern und hinkenden Hunden hörte niemand die Botschaft. Einige Büschel Gras wurden vom Wind über den staubigen Platz geweht. Niemand würde kommen.

Die Soldaten wurden sogar handgreiflich, als ihnen die Einladung überbracht wurde. »Wir können den Posten nicht verlassen«, riefen sie. »Wer soll über das Reich wachen, wenn wir feiern?« Als die Herolde versuchten, sie zu überzeugen, kam es zu Tätlichkeiten. Die Botschafter des Königs schafften es nur mit knapper Mühe, zu entkommen. Ihre Posaunen, Fahnen und Einladungen mussten sie zurücklassen. Die Soldaten verbrannten sie und brieten Stockbrot über den Flammen.

»Wie kommt es, dass der König so unbeliebt ist?«, fragten sich die Boten, als sie zurück zum Schloss hinkten. Niemand hatte zugesagt, und die einst so stolze Truppe war arg gebeutelt. »Was hat der König je für uns getan?« – »Warum kommt er nicht selber?« – »Wir zahlen Steuern und halten seine Gesetze, und nun sollen wir noch mit ihm froh sein?« Die Worte des Volkes hallten in ihren Ohren noch lange nach. Die Welt außerhalb des Schlosses hatte sich gewandelt, es herrschte eine eisige Stimmung zwischen dem König und seinen Untertanen.

Als auch der letzte Bote unverrichteter Dinge zurückkehrte, war der Herrscher außer sich vor Wut. Keiner wagte, ein Wort zu sagen, und jeder Diener schaute angelegentlich auf seine Schuhe. Seine Knöchel wurden weiß, so fest umfasste der König den

Regentenstab. Niemand war seiner Einladung gefolgt. Alle hatten etwas anderes vor. Die Unverschämtheit schnürte ihm die Kehle zu und raubte ihm die Worte. Wie undankbar waren diese Menschen! Sie lebten in seinem Land, von ihm beschützt. Sie trugen seinen Namen, und alles, was sie hatten, war sein. Diese Beleidigung schrie geradezu nach Rache! »Zieht die Zugbrücke hoch! Verschließt die Tore, stellt eine furchtbare Wache vor das Schloss!« Kaum hatte es der König ausgesprochen, fiel eine Schneeflocke vom Himmel, flog durch das Fenster und landete direkt auf seinem linken Schuh. Mitten im Sommer fiel Schnee, es wurde immer kälter. Die Beziehungen brachen ab, und niemand im Schloss sprach mehr mit Menschen draußen. Es wurde Winter, ein Winter, wie es ihn seit unvordenklicher Zeit nicht mehr gegeben hatte.

So ging die Zeit dahin. Aus Wochen wurden Monate, Monate wurden zu Jahren, und noch immer herrschte eisige Kälte zwischen dem König und seinem Reich. Selbst im Sommer schien die Sonne nur für ein paar Stunden, und die Tage wurden nur unmerklich länger. Der Winter hatte das Reich fest im Griff. Er wollte kein Ende nehmen und dauerte schon viele Jahre an. Die Weiher in den Dörfern waren längst zugefroren, und die Kinder fuhren schon lange nicht mehr Schlittschuh auf ihnen. Die Fischer hatten die Netze gereinigt und für ein Frühjahr verstaut, das nie kam. Es war nicht einmal mehr möglich, Löcher in das Eis zu schlagen, um zu angeln. Viele Gewässer waren bis zum Grund zugefroren. Bevor das Eis die Zwei-Meter-Grenze erreicht hatte, hatten die Fischer eine neue Methode benutzt: Sie schlugen die eingefrorenen Fische in Blöcken aus dem Eis und tauten sie über dem Feuer auf. Aber auch das war jetzt vorbei, denn das Eis war hart wie Granit und machte die Meißel stumpf und rostig. Auch die Menschen in den Dörfern litten: Die Ernte erfror auf den Feldern, und schon lange hatte kein Markt mehr stattgefunden. Die Vorräte gingen zur Neige, und alle blickten voller Sorge in die Zukunft.

An diesen Winter würde man sich erinnern. Auch die ältesten Bewohner des Reiches hatten keinen längeren oder härteren erlebt. Von der höchsten Zinne des Schlosses bot sich ein trostloser, schrecklicher Anblick. Kein Kind machte Schneeballschlachten, nirgendwo stand ein Schneemann. Niemand trug ein Bündel durch die Straßen, und in keiner Schenke brannte bis in die Nacht das Licht. Das Land war verödet, und seine Bewohner hungerten. Wieder einmal stand Weihnachten vor der Tür, und wieder einmal sah alles danach aus, dass es ausfallen würde. Wie das Jahr zuvor und das Jahr davor und das Jahr davor. Niemand kaufte Geschenke oder nahm sich die Zeit für die Familie.

Auch der König fror. Die Arme hinter dem purpurbemäntelten Rücken verschränkt, ging er schon seit vielen Stunden im Kreis. Nur er allein in dem runden Turm, hoch über dem Schloss mit seinem eingefrorenen Burggraben, der hochgezogenen Brücke und den schrecklichen Wächtern. Er hatte alles, was sich ein

König wünschen konnte: ein hohes Schloss, Diener, Vasallen, Kunst und Musik. Dennoch fehlte ihm etwas. Er war ein Vater, der keinen Kontakt mehr mit seinem Sohn hat. Alles war schal geworden, nichts konnte ihn mehr ablenken, und der Schmerz schlug in Wogen über seinem Kopf zusammen. Sein Zorn war längst verflogen, und es reute ihn, was geschehen war. Er hatte gehofft, dass ihm die Kälte den Kopf frei machen würde, aber er konnte keinen klaren Gedanken fassen.

Ständig dachte er an sein leidendes, hungerndes Volk. Es würde die trostloseste Weihnacht seit Menschengedenken erleben. Was sollte er tun? Er hatte alles Recht der Welt darauf zu warten, dass seine Untertanen den ersten Schritt täten. Schließlich hatten sie ihn beleidigt und damit den ganzen Schlamassel überhaupt erst angefangen. Er hatte nur auf den Affront reagiert, ihn traf keine Schuld. Aber wen interessiert schon Schuld, wenn ein Land im Schnee versinkt? Wer will recht behalten, wenn es bedeutet, dass ein ganzes Volk darunter leidet? Jemand musste den ersten Schritt tun, und jeder Tag des Wartens verschlimmerte die Situation nur unnötig.

Schließlich hatte der König eine Idee. Er zog seinen Purpurmantel aus. Das Zepter lehnte er an die Wand, nahm den goldenen Ring vom Finger und ging in den Stall. Dort, umgeben von den schönsten Rössern, ließ er sich die Arbeitskleider eines Stalljungen geben. Er ging in eine Pferdebox und zog sich um. Währenddessen legten alle ihre Arbeit nieder und sahen mit gespannten Blicken auf die Box. Hatte der König einen Weg gefunden, den Fluch des Winters zu brechen? Er stand eine Weile nackt da und wurde sich erst jetzt richtig bewusst, was er tat. Die Kälte war schneidend und auf unangenehme Weise neu. Noch nie hatte er sich im Kalten umgezogen. Auch wenn es bitterkalt war und überall der Atem gefror, waren seine Gemächer gut geheizt. Schließlich zog er das grobe Tuch über seinen Leib. Es war anders als seine feinen Kleider; es kratzte und passte nicht so gut, wie er es gewohnt war. Dann nahm er einen Stecken, auf den er sich stützen konnte, richtete sich zur vollen Größe auf, atmete noch einmal tief durch und verließ die Box. Mit ernstem Blick zogen die Knechte ihre Mützen und machten ihrem König Platz.

So ging er über den Hof, vorbei an vielen Schlossbediensteten. Niemand hielt ihn auf oder fragte, was er vorhätte. Sie schienen es alle zu wissen. Als er am Tor ankam, wurde die Zugbrücke hinabgelassen, ohne dass er es verlangen musste. Die Wache salutierte noch ein letztes Mal und sah, wie ihr König sich im Büßergewand in der Dämmerung verlor. Es war ein eigenartiger Anblick: Die armselige Kleidung nahm ihm nicht die Majestät. Er ließ seine Herrlichkeit hinter sich, aber nicht seine Würde. Jeder, der hinter die Kulissen zu schauen vermochte, würde einen König in dieser Knechtsgestalt sehen.

CARSTEN »STORCH« SCHMELZER

24 *Kein Raum, keine Zeit*

Alles belegt. Das kommt vor. Besonders in der Hochsaison. Wer dann kurzfristig ein Hotelzimmer braucht, kann Probleme bekommen. Bei allem Verständnis für die junge Frau. Sie war hoch schwanger. Es konnte jeden Augenblick losgehen. Aber was sollte der Inhaber der kleinen Pension in Bethlehem denn tun? Die Volkszählungsaktion der römischen Behörden trieb die Menschen in Massen durchs Land. Das Beherbergungswesen war total überfordert.

Der Wirt konnte ja nicht ahnen, dass man ihn noch nach 2000 Jahren vorwurfsvoll erwähnen würde. Wenn ein reicher Promi ein Zimmer gebraucht hätte, wäre ihm sicher noch was eingefallen. Aber diese Sorte Kunden stieg sowieso nicht bei ihm ab. Dafür fehlten seiner Hütte vier Sterne.

Und so wurde der Hotelier, dessen Namen wir nicht kennen, peinlicherweise zum Modell für viele, viele Menschen, die in ihrem Leben bis heute keinen Platz für Gott haben.

Der Apostel Johannes hat in der Einleitung seines Evangeliums den traurigen Sachverhalt beschrieben: »Er – Gott ist gemeint, der in Jesus Mensch geworden ist – kam in sein Eigentum; und die Seinen nahmen ihn nicht auf.« (Johannes 1,11) Der eigentliche Skandal liegt also darin, dass Gott zu Hause rausfliegt beziehungsweise gar nicht erst reingelassen wird.

Da beginnt allerdings schon der Weihnachtsstreit. Wem gehört unser Leben? In der Neuzeit herrscht die Überzeugung, dass jeder Mensch sein eigenes Leben selbst bestimmen soll. Wir betrachten uns als Eigentümer unseres Lebens. Nicht dass wir gegen Gott wären. Wir sind je nach Seelenlage bereit, ihn mehr oder weniger zu berücksichtigen. Die Bibel aber konfrontiert uns mit dem Eigentumsanspruch des Schöpfers und Erhalters der ganzen Welt, also auch unseres Lebens.

Ist dieser Anspruch berechtigt? Zweifel sind angebracht. Müsste Gott nicht ganz andere Mittel zur Durchsetzung seines Eigentümerrechtes haben? Ist er aufs Bitten angewiesen? Das ist doch nicht vorstellbar. Nein, es ist nicht vorstellbar. Überhaupt ist der wahre Gott nicht vorstellbar. Vorstellbar sind nur unsere selbst produzierten Gottesvorstellungen. Die haben allerdings den Nachteil, dass sie nur unsere Wunschvorstellungen und Hirngespinste sind und leider nichts mit der Wirklichkeit zu tun haben.

Der lebendige Gott stellt sich uns auf unvorstellbare Weise vor. Als Baby findet er im Fresstrog vom Vieh in einem Verschlag seinen ersten Platz. Dann wird er zum Flüchtlingskind in Afrika. Ausgerechnet in Afrika, wo auch heute Millionen auf der Flucht sind. Die bescheiden normale Existenz eines Handwerkerjungen endet später in einem Schauprozess, in Folter und brutaler Hinrichtung. Diesen geschundenen Jesus weckt Gott aus dem Tode auf und bestätigt damit: »So sehr hat Gott die Welt geliebt, dass er seinen eingeborenen Sohn gab, damit alle, die an ihn glauben, nicht verlorengehen, sondern das ewige Leben haben.« (Johannes 3,16)

Jetzt kommt es eben darauf an, ob wir für ihn Platz in unserem Leben haben oder nicht. Platz heißt bei den meisten von uns zuerst Zeit. Habe ich Zeit für Gott? Zeit, um die Bibel zu lesen, die Gottesdienste zu besuchen, sein Angebot kennenzulernen und zu bedenken? Wir haben alle gleich viel Zeit. Jeder hat 24 Stunden pro Tag, keine Sekunde mehr oder weniger. Wer sagt, er habe keine Zeit, der meint: Dafür habe ich keine Zeit. Das ist mir nicht wichtig genug.

Zugestanden, wir verfügen in der Regel nicht allein über unsere Zeit. Es bestehen Zwänge. Wer herrscht über unseren Terminkalender? Damit sind wir bei einer der entscheidenden Weihnachtsfragen. Der Schöpfer von Raum und Zeit wird Mensch. Er kommt in der Person des Jesus von Nazareth zu uns. Auch unser

Leben besteht aus Raum und Zeit, die er geschaffen und uns zur Verfügung gestellt hat. Jetzt geht es um die entscheidende Frage: Soll er sich mit seiner Kraft und seinen Vorstellungen in der Zeit und dem Raum unseres Lebens entfalten? Oder werden wir ihm das verwehren? Werden wir als Rebellen gegen Gott das Territorium unseres Lebens seinem Eigentumsanspruch entziehen?

Kurioserweise ist gerade die Art, wie heute in Deutschland Weihnachten gefeiert wird, ein Ausdruck dafür, dass wir Gott die Tür unseres Lebenshauses vor der Nase zuschlagen. Gott ist zum Nikolaus degradiert, der als Witzfigur draußen an der Hauswand herumklettert.

Gott sei Dank, die Weihnachtsgeschichte ist nicht der Schluss, sondern erst der Anfang von Gottes Geschichte mit uns. Unvorstellbar, wunderbar unvorstellbar, dass Gott nicht schnellstens kehrtgemacht und die Menschen, die ihm die Tür weisen, sich selbst und der Hölle überlassen hat, die sie sich gegenseitig bereiten. Er geht mit den Zweiflern, er tritt den Selbstgerechten in den Weg, er berührt die Kranken und Ausgestoßenen, er beruft die Unbrauchbaren zu seinen Mitarbeitern, er lässt die Verräter seine Treue spüren, er betet und opfert sich für seine Feinde – aus Liebe. Unvorstellbar!?

Aber er verändert nicht nur unsere Vorstellungen, sondern er erneuert uns von innen als Personen. Der traurige Satz aus der Einleitung des Johannesevangeliums geht nämlich hoffnungsvoll weiter (Johannes 1,11-12): »Er kam in sein Eigentum; und die Seinen nahmen ihn nicht auf. Wie viele ihn aber aufnahmen, denen gab er Macht, Gottes Kinder zu werden, denen, die an seinen Namen glauben.«

Wer ihn aufnimmt, hat Grund zum Feiern.

ULRICH PARZANY

Die Autoren

THOMAS KLAPPSTEIN (Herausgeber), geboren und aufgewachsen im Großraum Hamburg, ist studierter Theologe, Diplom-Verwaltungswirt und ordinierter Pastor im Mülheimer Verband Freikirchlich-Evangelischer Gemeinden. Derzeit freiberuflich aktiv als Autor, Prediger, Presse- und Öffentlichkeitsarbeiter sowie Trauerredner. Er lebt mit seiner Frau Claudia und seinen zwei Kindern in der Nähe der »Sechs-Seen-Platte« in Duisburg, Ruhrgebiet. Kontakt: ThoKla1@gmx.de

MICKEY WIESE will als Event-Pastor, Buchautor und Life Coach Licht in vielen Finsternissen aufstrahlen lassen und das Leben feiern. (www.mickeywiese.de)

JÜRGEN WERTH ist Vorstandsvorsitzender von ERF Medien. Autor, Liedermacher, Fernsehmoderator. Er ist verheiratet und hat drei erwachsene Kinder sowie sechs Enkelkinder.

ANDREAS MALESSA ist Hörfunk- und Fernsehjournalist bei den ARD-Anstalten SWR, HR und DeutschlandRadio Kultur, Dokumentarfilmer, Zeitungskolumnist und Buchautor von Sachbüchern, Biografien und satirischen Kurzgeschichten. Der evangelisch-freikirchliche Theologe ist ein vielgefragter Fachreferent für religiös-kulturelle, sozialethische und kirchliche Themen. Er ist verheiratet, hat zwei erwachsene Töchter und lebt in der Nähe von Stuttgart. (www.andreas-malessa.de)

CHRISTINA BRUDERECK, Jahrgang 1969, verbindet Theologie und Lyrik, Spiritualität, Kultur und Politik. Spricht und reimt, reist und schreibt. Initiiert immer wieder Projekte für religiöse Kreative. Sie liebt das Ruhrgebiet, wo sie in einer Kommunität lebt, und engagiert sich im Gemeinde-Kultur-Projekt, dem CVJM »e-motion«.

PETRA PIATER ist verheiratet mit Justus. Die beiden erfreuen sich an drei Kindern im Teenageralter und leben nach Jahren in den USA, Frankreich, Belgien, einer Stippvisite im wunderschönen Tübingen, jetzt in Innsbruck, Österreich. Als stellvertretende Redaktionsleiterin der Zeitschrift PERSPEKTIVEN schreibt Petra Piater irgendwie immer, manchmal auch Beiträge für Faszination Bibel, SCM Brockhaus, Hänssler, Gerth Medien, Brendow – und immer wieder Stücke für Theater-Workshops und Lese-Konzerte.

MARTIN DREYER wuchs als einziger Bruder von drei Schwestern in Hamburg auf. Nach einer exzessiven Jugend wurde er mit 17 Jahren Christ und gründete acht Jahre später die christliche Jugendbewegung »Jesus Freaks«. 2004 erscheint zum ersten Mal sein Taschenbuch-Bestseller »Die Volxbibel«, das erste Bibelprojekt weltweit, an dem jeder Mensch über ein Internetwiki mitarbeiten kann. Dazwischen andere Bücher. (www.martin-dreyer.de.)

WERNER KLEIN, geboren und aufgewachsen in Hamburg, hat nach Berufsausbildung, Studium der Theologie und anschließendem Vikariat als Pastor in Hamburg, im Ruhrgebiet (Bochum & Marl) und im schleswig-holsteinischen Bad Segeberg gearbeitet. Heute ist er pädagogischer Mitarbeiter und Begleiter in einem schulischen Internat mit ganzheitlichem Bildungsansatz im Kreis Bad Segeberg. Als Musiker hat er an diversen Musikproduktionen mitgewirkt. Er ist verheiratet mit Sabine, die beiden haben zwei erwachsene Töchter und einen erwachsenen Sohn.

ANNEKATRIN WARNKE, Jahrgang 1962, machte nach dem Abitur eine Ausbildung zur Reiseverkehrsfrau. Sie ist verheiratet und hat drei Kinder. Sie schreibt für die Zeitschriften JOYCE, Ethos oder Christsein heute. Als Referentin, etwa für Frauenfrühstückstreffen, ist sie in ganz Deutschland unterwegs. Als Dozentin und Autorin unterstützt sie zudem christliche Theaterarbeit.

MARTIN SCHULTHEISS ist promovierter Physiker und heute als Verleger, Musiker, Dozent und Autor tätig. Als Prädikant der evangelischen Kirche hat er die »Lizenz zum Predigen« und gestaltet gerne ungewöhnliche Gottesdienste. Ansonsten tourt er als Teil des Musikkabaretts »Duo Camillo« kreuz und quer durch Deutschland.

FRANK BONKOWSKI ist verheiratet mit Loretta, die beiden haben drei Kinder. Theologische Ausbildung in Deutschland und Kanada, 17 Jahre Jugend- und Gemeindearbeit sowie Gemeindegründungsarbeit an der kanadischen Westküste (Nähe Vancouver, B.C.). Seit 2006 wieder in Deutschland. Aktiv als Referent, Buchautor und Pastor in Bad Segeberg. Aktuell zwei Bücher im Brendow Verlag. Mehr gibt es auf seinem Blog: www.untenwieoben.de

REBEKKA GOHLA, geboren 1988, arbeitet mit einer halben Stelle als Sozialpädagogin. Ihr ist gelungen, einen Kindheitstraum wahr werden zu lassen und die zweite Hälfte ihres Lebensunterhaltes durch Schreiben zu verdienen. Sie liebt alles, was kreativ ist, sowie ihre Heimat im Herzen des Ruhrgebiets.

EVA PRAWITT, Jahrgang 1959, ist freie Schriftstellerin, Lebensberaterin und Mediatorin. Sie liest gerne, liebt Gartenarbeit, die Farbe Blau und ihren Mann Pit Prawitt. Beide sind gastfrei und engagieren sich ehrenamtlich in ihrer Gemeinde. Ihre gemeinsame Leidenschaft ist das Wandern. Eva und Pit Prawitt leben in Kassel und haben drei erwachsene Kinder.

KLAUS-GÜNTER PACHE ist seit 1979 Pastor der Paulus-Gemeinde in Bremen. Von 1998 bis 2003 war er zusätzlich Präses des »Mülheimer Verbandes freikirchlich-evangelischer Gemeinden«. Vorstandsmitglied der Bremischen Evangelischen Allianz, Mitglied im Kuratorium des Willow-Creek-Netzwerkes Deutschland, des ERF und des Stiftungsrates der Stiftung Christlicher Medien. Pache ist Autor mehrerer Bücher sowie der Zeitschrift AUFATMEN, dazu Kongress – und Festivalredner. Er ist verheiratet mit Esther, die beiden haben fünf erwachsene Kinder und acht Enkelkinder.

MANDY (alias »Jesus-Punk«) wurde 1983 geboren und lebt mit ihrem Mann Karsten, ihren zwei Katzen und aktuell drei Ratten in Mannheim. Wer mehr über sie erfahren will: www.gekreuzsiegt.de. Dort bloggt sie über ihr Leben und ihren Glauben an Jesus.

FABIAN VOGT ist Schriftsteller, Künstler und Theologe. Wenn er nicht gerade mit dem Kabarett »Duo Camillo« auf der Bühne steht, seine »Halbtags-Gemeinde« auf den Kopf stellt oder als Rundfunkautor geistlich Kompaktes zum Besten gibt, taucht er mit Leidenschaft in die grenzenlose Welt der Geschichten ein. Für seinen Roman »Zurück« wurde er mit dem »Deutschen Science-Fiction-Preis« ausgezeichnet. (www.fabianvogt.de)

MIRKO SANDER, ein '73er Hamburger Jung, '92er Jesus Freak und Wok-Testfahrer. Immer wieder mal als Autor aktiv. Seine pauschale Antwort auf alle Fragen des Lebens: Dinge passieren, Gott ist gut, und er macht keine Fehler! Wer mehr Zeit hat, für den differenziert er auch. Anfragen für Predigten und Seminare, als »Auftrags-gegens-Bein-Treter« und das »Ausrufen der Republik« etc. an: mirko.sander@gmail.com.

ALBRECHT GRALLE ist in Stuttgart geboren. Nach seinem Theologiestudium war er, nach fünfjährigem Aufenthalt in Sierra Leone, als normaler Gemeindepastor tätig. Seit 1993 ist er im Hauptberuf Schriftsteller und hat sein Hobby zum Beruf gemacht. Gralle ist verheiratet und hat vier Kinder.

ARNO BACKHAUS, Jahrgang 1950, Wiedergeburt 1966, ist seit 1972 verheiratet mit Hanna, mit der er drei Kinder hat. Die Familie lebt in Calden bei Kassel. Backhaus ist bekannt als erfolgreicher Buchautor, E-Fun-Gelist, Liedermacher und Aktionskünstler.

JAN HANSER, Jahrgang 1978, ist Pastor im Bund Freier evangelischer Gemeinden. Mit seiner Frau und seinen drei Kindern lebt er in seiner Wahlheimat Duisburg. Wenn er in seiner Freizeit nicht gerade mit seiner Familie und Freunden unterwegs ist, erzählt er leidenschaftlich gerne Geschichten.

CHRISTIANE RATZ lebt ein buntes Leben mit David, ihrem Mann und Ermutiger, und ihren Teenagern Amos und Priscilla. Sie ist von ganzem Herzen eine Geschichten-von-Gott-Erzählerin – egal, ob mit Filmkamera, Worten, Foto oder Pinsel.

JOACHIM ZWINGELBERG ist Zimmermann und Theologe. Er hat einen Masterstudiengang in »christian leadership« absolviert. Er ist Mitarbeiter und Leiter von Jungschar, Teenkreis und Zeltlagern in seiner Gemeinde. Seit 2001: Erlebnispädagogische Freizeitarbeit mit Kindern und Jugendlichen auf dem Christ Camp in Krefeld. Außerdem ist er freiberuflicher Prediger, Referent und Geschichtenerzähler. Kontakt: jojo@jojo-zwingelberg.de

STORCH (CARSTEN SCHMELZER) heißt schon so lange Storch, dass er sich auch nicht mehr erinnern kann, warum. Er ist glücklich mit Alex verheiratet und lebt als Pastor, Autor, Prediger,

Musiker und Jesus Freak in Remscheid. Privat trifft man ihn oft lesend, kickernd, betend oder musizierend und meistens mit den Gedanken woanders an. Viel mehr gibt es im Internet unter www.pastor-storch.de

ULRICH PARZANY, Pfarrer i. R. war nach dem Theologiestudium Vikar in Jerusalem, dann Jugendpfarrer im Weigle-Haus Essen, später Generalsekretär des CVJM-Gesamtverbandes in Deutschland. Er war Vorsitzender des Christival 1976 in Essen und 1988 in Nürnberg. Er ist Hauptredner von ProChrist und Buchautor. Er lebt mit seiner Frau Regine in Kassel. Das Paar hat drei Kinder und fünf Enkel.